CB127198

AGORA EU SEI

EDITORA EME

Solicite nosso catálogo completo, com mais de 300 títulos, onde você encontra as melhores opções do bom livro espírita: literatura infantojuvenil, contos, obras biográficas e de autoajuda, mensagens espirituais, romances palpitantes, estudos doutrinários, obras básicas de Allan Kardec, e mais os esclarecedores cursos e estudos para aplicação no centro espírita - iniciação, mediunidade, reuniões mediúnicas, oratória, desobsessão, fluidos e passes.

E caso não encontre os nossos livros na livraria de sua preferência, solicite o endereço de nosso distribuidor mais próximo de você.

Edição e distribuição

EDITORA EME

Caixa Postal 1820 - CEP 13360-000 - Capivari - SP
Telefones: (19) 3491-7000/3491-5449
vendas@editoraeme.com.br - www.editoraeme.com.br

JOSEVAL
CARNEIRO

AGORA EU SEI

Capivari-SP
– 2013 –

© 2013 Joseval Carneiro

Os direitos autorais desta obra foram cedidos pelo autor para a Editora EME, o que propicia a venda dos livros com preços mais acessíveis e a manutenção de campanhas com preços especiais a Clubes do Livro de todo o Brasil.

A Editora EME mantém, ainda, o Centro Espírita "Mensagem de Esperança", colabora na manutenção da Comunidade Psicossomática Nova Consciência (clínica masculina para tratamento da dependência química), e patrocina, junto com outras empresas, a Central de Educação e Atendimento da Criança (Casa da Criança), em Capivari-SP.

1ª edição - agosto/2013 - 3.000 exemplares

CAPA | Joseval Carneiro Filho
DIAGRAMAÇÃO | Victor Augusto Benatti
REVISÃO | Rubens Toledo

Ficha catalográfica elaborada na editora

Carneiro, Joseval, 1941
Agora eu sei / Joseval Carneiro - 1ª ed. ago. 2013 - Capivari, SP : Editora EME.
232 p.

ISBN 978-85-66805-11-6

1. Espiritismo. 2. Autoajuda. 3. Mensagens.
4. Pesquisas e curiosidades científicas. I. TÍTULO.
CDD 133.9

SUMÁRIO

Prefácio

Novamente, dado o êxito alcançado no estilo e conteúdo das obras anteriores de autoajuda, trazemos ao leitor uma inusitada abordagem do fato científico, observado junto às Universidades, cotejado com o cotidiano.

Nesse esforço, procuramos embasar nossas observações, sempre que possível, nos fundamentos espirituais, demonstrando que tais fundamentos, científicos e espirituais, corroboram a mesma verdade, ainda que a Ciência queira, muitas vezes, apartar-se da Religião.

O próprio Albert Einstein insistia em que Ciência e Religião não poderiam caminhar separadas. Uma sem a outra, seria cega ou capenga.

Objeto de acuradas observações, este livro aborda temas de atualidade, sob o foco da Ciência e da Religião, em linguagem simples e atraente, sem perda da profundidade e elegância.

Esperamos, sinceramente, obter, como das vezes anteriores, o *placet* dos nossos atentos leitores.

O Autor

Apresentação

A minha amizade com Joseval Brito Carneiro remonta há algumas décadas, herdada dos nossos pais, que eram unidos pela irmandade intitulada Luz e Labor, organizada pelo Grande Arquiteto do Universo.

O destino nos fez reencontrar, agora, no entardecer das nossas existências, ambos com formação jurídica, aposentados, e atuando como Conselheiros da AFPEB.

Essa oportunidade bendita que o "acaso" nos proporcionou, temos aproveitado para estreitar mais ainda os laços afetivos de ordem pessoal e familiar que nos une desde a juventude, de que me recordo com doce saudade.

A respeito desse fenômeno, os árabes o definem com a expressão *maktub!* (está escrito!) Ou seja: O que nos aconteceu ou está para nos acontecer já está escrito no livro do destino. E então, diante do acontecido, dizemos: *maktub!*

Apesar de me achar muito aquém da tarefa literária que me foi confiada, sinto-me honrado em fazer a apresentação deste livro e muito me apraz fazê-lo, pela grande admiração ao Dr. Joseval, autor de vários livros, os quais eu sorvi gulosamente à semelhança da criança que devora um saboroso tablete de chocolate.

O meu ilustre apresentado tem perceptível formação espiritualista, o que tem sido para Joseval um lema e modo de vida. Como espírita devotado, só tem enaltecido o nome da Doutrina codificada por Allan Kardec.

É essa a alma do livro que tivemos a grata satisfação de ler, reler e treler, tal a sua capacidade de abarcar vários aspectos da humanidade atual, instigando-nos, ao mesmo tempo, a refletir sobre os novos tempos, mais promissores para o planeta Terra.

Não se trata de mero otimismo. Dono de um raciocínio analítico aguçado e tendo como aliada uma cultura sólida, Joseval, cujo Carneiro só existe no nome, pois não faz parte de rebanho aleatório, eis que guiado pelo tirocínio e não por fé cega, brinda-nos com diversos indícios de que o mundo tem melhorado, consideravelmente.

Na condição de dirigente de órgãos públicos do Poder Executivo, quer na Capital da Bahia, quer em Brasília, Distrito Federal, Joseval exerceu os cargos com humanismo, competência e a seriedade que lhe é característica *intuito personae.*

Como delegado de Polícia, e consciente da existência depois desta existência, debruça-se com afinco sobre o inquérito da vida e não encontra vítimas, a não ser o homem de si mesmo, quando não se dá conta das maravilhas ao seu entorno. E sempre que se esquiva das lições, que nossos mestres, do passado e do presente, nos proporcionam, diminuindo chances de adoecer fisicamente, melhorando a convivência na sociedade, trazendo luz onde aparentemente há treva.

Em cada capítulo da sua coletânea, há uma pérola do pensamento de um luminar, seguido de comentário arguto e sensato sobre um tema específico, ora pinçado da própria experiência do autor, ora obtido de seu vasto conhecimento, mas sem perder a humildade que lhe é peculiar.

Não temos a presunção de ser o Oráculo de Delfos, mas afirmamos que, tal qual Sócrates, Joseval é grande pela despretensão e distribui com generosidade aquilo que tem de sobra: sabedoria e simplicidade. Enfim, percorrer os olhos em *Agora eu sei* não é apenas uma leitura, mas uma dádiva que não se pode perder. Leia-o e dê esse presente a você mesmo.

Genaldo Lemos Couto*

* Genaldo Couto foi coordenador-chefe da Defensoria Pública no Estado da Bahia

1

IBRAIN

Não tenho medo da morte.
Tenho pena.
Chico Anísio

Stephen Hawking, considerado um dos maiores físicos da atualidade, depois de Einstein, encontrou-se casualmente em um congresso, na Universidade de Cambridge, Inglaterra, com outro extraordinário cientista, Philip Low, de apenas 32 anos, ganhador do Prêmio Nobel com uma tese escrita em apenas uma página. Impressionado com suas ideias sobre leitura de ondas cerebrais, convidou-o para uma conversa no hotel onde estava hospedado.

Hawking, preso a uma cadeira de rodas, que se movimenta com auxílio de imperceptíveis movimentos das bochechas, captados pela haste dos óculos, que enviam mensagens a um computador especial, dirigindo o cursor e determinando suas ordens, comunicando-se com verbos do tipo *like* (gosto) e *want* (quero), interessou-se pela tese do jovem cientista, que descobriu uma nova janela para o cérebro, uma tecnologia capaz de interpretar as ondas eletromagnéticas produzidas pela emissão do pensamento, traduzidas em palavras.

A Neurotecnologia consiste em um capacete munido de eletrodos que detectam impulsos eletromagnéticos, em forma de ondas oscilantes, cujos padrões são analisados e interpretados em átimo de segundos, cujas combinações, significativas ou não, constituem vontade dirigida a uma determinada ação.

A descoberta de Low faz lembrar a famosa frase de Armstrong, ao pisar na Lua pela primeira vez: "Um pequeno passo para um homem, um grande salto para a humanidade". A importância do seu invento consiste na possibilidade de distinguir "ruídos inúteis" de combinações significativas de ondas cerebrais.

A doutrina espírita, por Allan Kardec, seu codificador, explica que os espíritos se comunicam por "formas-pensamento", independentemente do idioma que falem. Que a alma tem existência independente do corpo físico isso já é do domínio da Ciência, não restando mais dúvida.

2

ÁLCOOL

O cara só é intensamente ateu quando está
muito bem de saúde.
Millôr

O uso do álcool vem se disseminando rapidamente em nosso país, com seus efeitos danosos ao organismo, causadores de cirroses hepáticas e câncer, não apenas no fígado, mas no estômago, esôfago, traqueia, laringe e boca.

Na direção de veículo automotor é responsável por mais de 50% dos acidentes de trânsito, reduzindo a percepção, o tempo de reação do condutor, diante de eventuais obstáculos, incentivo à maior velocidade.

Dentre os jovens verifica-se um acentuado, e perigoso, uso, notadamente entre mulheres, antes mais comedidas.

O uso imoderado de álcool acarreta absenteísmos no trabalho, degrada o ser humano, separa os casais, desarmoniza as famílias.

As pequenas doses, consumidas socialmente, podem evoluir para um uso mais frequente, principalmente nos destilados (uísque, cachaça, vodca).

Mesmo no vinho, em alguns casos estimulados, como produtor de um bem-estar e sono tranquilo, sem se falar nos reconhecidos efeitos do *resveratrol*, substância encontrada nas uvas de cor preta, no que se refere aos radicais livres e envelhecimento. Nesse caso, substituir pelo inofensivo suco de uva.

Ainda que um ligeiro cálice, no jantar, tomado regularmente, causa dependência psicorgânica. Igualmente causadora de absenteísmos ao trabalho, perdas familiares precoces e condutas criminógenas indesejáveis.

3

Maconha (I)

Um homem começa a ficar velho quando prefere
andar só que mal acompanhado.
Millôr

Cientistas israelenses criam maconha medicinal que não provoca "barato". Assim os jornais traduziram a nota divulgada por uma agência de notícias especializada.

Na Universidade Hebraica, de Jerusalém, desenvolveu-se um tipo de maconha medicinal que neutraliza os efeitos do THC (tetrahidrocanabiol), que interfere nos elementos cognitivos e psicológicos conhecidos como "barato", causador de um momento de alegria, euforia, sensação de bem-estar momentâneo.

De acordo com a professora Ruth Galilly, a segunda substância mais importante da maconha, o canabiol (CBD) tem propriedades altamente benéficas e significativas para pacientes que sofrem de diabetes, artrites reumatoides e doença de Crohn.

No Brasil já se fabrica um colírio, na Baixada Fluminense, à base de THC, posto que, hipotensora, é apropriada para o tratamento da tensão ocular elevada, ou glaucoma.

O problema é que a popularização da maconha e sua descriminalização podem conduzir ao uso de substâncias mais fortes, psicodependentes, causadoras de estragos irremediáveis ao organismo.

O nosso país reconheceu, recentemente, que uma pessoa,

portando maconha em doses para até cinco dias, deve ser qualificada não como traficante, mas como doentes usuários.

Todavia, países como Estados Unidos e Holanda, antes de tendência liberalizante, hoje modificaram a tolerância, retrocedendo nos controles legais. Em Amsterdã chegou a desenvolver-se um "turismo" das drogas, antes vendidas livremente nos *coffee shops*. Mas agora retrocederam, resolvendo proibir aos visitantes.

Pessoas submetidas aos efeitos da maconha ficam dependentes, tornam-se perigosas, do ponto de vista criminal.

O uso terapêutico-medicinal deve ser controlado.

4

Morte aparente

> A verdadeira amizade é aquela que permite falar ao amigo de todos os seus defeitos e de todas as suas qualidades.
>
> **Millôr**

Clínica na Suíça inscreve estrangeiros que aceitem submeter-se ao suicídio assistido (há um brasileiro inscrito).

Mediante um pagamento em torno de 15 mil reais, o (im) paciente põe cobro à vida. Aparentemente, pois, a maioria dos povos e das religiões que os regem, mesmo os apáticos, acreditam na vida depois da vida, já que a morte do corpo físico não a extingue absolutamente.

Didaticamente classificam-se alguns tipos de suicídios assistidos, a saber:

Ortotanásia A pedido um médico cessa o uso de medidas ou aparelhos que prolongariam a existência terrena. Aceita pelo Conselho Federal de Medicina, mas não amparada pelo atual Código Penal Brasileiro. O novo Código desclassifica a conduta genérica de homicídio qualificado, com pena máxima de 20 anos, para um tipo específico, que vai até 4 anos de condenação.

Eutanásia voluntária - Por injeção, aplicada por médico, a pedido do paciente. Autorizada em Luxemburgo, Bélgica e Holanda.

Suicídio assistido - Permitido na Suíça, uma pessoa ajuda outra a matar-se, ainda que estrangeiros. O ajudante não pode ser remunerado, nem ter parte em herança.

Suicídio assistido por médico - Este receita uma droga que será tomada pelo paciente. Admitido em alguns estados na América do Norte, além da Bélgica, Holanda e Suíça.

A maioria das religiões desaprova. E a doutrina espírita possui fortes argumentos contrários à extinção da vida ou medidas que visem abreviar, seja qual for o motivo, o instante da morte.

O Espiritismo considera que o sofrimento tem uma razão de ser, resgata culpas, saneia o passado, purga os chamados "pecados". Antecipar a morte significa sustar esse propósito dignificante, quando o sofrer com resignação leva às bem-aventuranças dos aflitos.

As mortes violentas, acidentárias ou por suicídio, criam desajustes no perispírito do desencarnado, que certamente volverá à carne, para complementar seu aprendizado, resolver seu passado, trazendo sequelas terríveis do modo como eliminou o corpo físico.

Em *Memórias de um suicida*, o Espírito Camilo Castelo Branco (escritor português) narra vicissitudes, sofrimentos atrozes, indizíveis, que experimentou ao transpor a linha que divide os mundos visível e invisível.

Essa, aliás, a causa de vários fetos com anencefalia, quando reencarnam trazendo esculpidas, no campo perispiritual, as marcas das lesões causadas ao cérebro, no caso de autovitimado por arma de fogo, destroçado em acidentes por si provocados, danos devido a suicídios.

Ao "pagar até o último ceitil", vivenciando na carne os estertores com que se liberta dos liames físicos que o aprisionam ao corpo físico, o Espírito se depura, liberta-se das mazelas, aprimora o módulo perispiritual, preparado para outras incursões mais elevadas, no plano do incorpóreo, ou mesmo de volta ao campo material, para nova missão redentora.

A morte, portanto, não existe. Como demonstram numerosas experiências hoje no campo da Ciência, constituindo infantil ingenuidade acreditar-se em contrário.

5

MUSICOTERAPIA

Como são admiráveis as pessoas
que não conhecemos bem.
Millôr

Já escrevemos em outra obra, *O evangelho é um santo remédio,* que cantar aumenta a presença de imunoglobulina na corrente sanguínea, favorecendo as defesas orgânicas, como demonstrou estudo da Universidade de Frankfurt, após ensaio do Coral que executava *Réquiem,* de Mozart.

Agora, a doutora Elisabeth Scott, clínica-geral do Hospital de Edimburgo, na Escócia, ao tentar controlar o choro do seu neto, executando música para acalmá-lo, constatou que certa seleção musical contribuía enormemente para fazer a criança entrar em sono profundo, quase que instantaneamente.

Foi assim que a senhora Scott editou o *Sound Asleep for Babies,* em CD, ficando mais surpreendida ainda quando verificou que não era a música lenta, mas composições como "As quatro estações", de Vivaldi. E, pesquisando os padrões das ondas cerebrais, medidas em Hertz (Hz), ou ciclos por segundo, verificou que variava da mais alta, 35Hz, quando bem acordados, a menos de 3Hz, durante o sono, refletindo as ondas *beta* e *gama,* antes de desacelerar até *alfa* e *teta,* correspondentes às frequências média e baixa, culminando nas mais lentas, *delta,* do sono.

Médicos nos Estados Unidos passaram a promover musicoterapia, como coadjuvante para acalmar nervosismos nos pós-operatórios. Estava criada a terapia, alternativa, de música cerebral.

Na Rússia o Dr. Iakov Levine fez popularizar entre psicólogos norte-americanos a tecnologia avançada de computador voltada para a musicoterapia, a partir de eletroencefalogramas gravados em pacientes conscientes, em estado de relaxamento, gravando algoritmos convertidos digitalmente ondas cerebrais em notas musicais, copiadas em CD.

Essa "música cerebral", de acordo com a psiquiatra Galina Mindlin, diretora do Centro de Terapia de Música Cerebral, de Nova York, "é mais pessoal do que as impressões digitais", individualizando cada pessoa, única. Comprovou-se que traz benefícios para aliviar enxaqueca, estresse, transtornos de ansiedade, depressão e insônia. A música clássica lenta libera melatonina, substância do sono; a música clássica com andamentos mais rápidos, ao contrário, controla o cortisol e a adrenalina, hormônios responsáveis por estados de estresse.

Adrian Trevisan sugere que devemos ter cautela na terapia e seus anúncios comerciais, pois somente pessoas certificadas, treinadas podem elaborar esse mapa musical, essa seleção de ondas cerebrais e edição de CD.

Já o Dr. Neil Todd, da Universidade de Manchester, Inglaterra, assinala que um pequeno órgão do ouvido, chamado sáculo, detecta sons capazes de produzir bem-estar, até mesmo em altos decibéis, como em boates e batuques de metaleiros, conquanto os danos à audição, pelo uso prolongado e abusivo.

Em caminhadas, com uso de fone de ouvidos, atrelados a IPods, composições como "I will survive", ou "La Bamba", independentemente da ginástica aeróbica ou caminhadas forçadas, produzem bem-estar.

Dr. Luciano Bernardi, da Universidade de Pávia, Itália,

mediu as flutuações da frequência cardíaca, da respiração e da pressão arterial, em 24 homens voluntários, experimentando música clássica, lenta e rápida, dentre outras variações de gênero e de estilos musicais, constatando que as frequências reduziam-se grandemente ao influxo dos ritmos, desacelerando quando acabava. Concluiu que podemos resolver o estresse com músicas, alternando rápidas ou lentas.

Destaque-se o principal aspecto da pesquisa do Dr. Bernardi: o fato não reside na música, mas no modo como a escutamos, se mais lenta ou mais rápida, as pausas e silêncios, até o encerramento da execução.

Experimentos com sons em currais permitiram verificar que vacas leiteiras produziram mais ao influxo de determinadas execuções musicais, estressando-se ao ouvirem "metaleiros" barulhentos.

6

SINTA-SE MAIS FELIZ

As pessoas, que falam muito, mentem,
porque esgotam o estoque de verdades.
Millôr

Habitualmente o ser humano cultiva pensamentos tenebrosos sobre as conquistas e as possibilidades da vida.

Atraído por noticiário negativo, imagina que o mundo tende para uma hecatombe final, esquecido de que, na análise dos tempos, colecionamos pérolas de felicidade indizível.

Enquanto na década de 60 a expectativa de vida, no Brasil, era de 48 anos, na década atual aumentamos em mais 25 anos esse índice, possuindo agora mais de 30 pessoas com idade acima de 100 anos. A mortalidade infantil caiu mais de 50%. A possibilidade de uma terceira guerra mundial é remotíssima. A escassez de alimentos, prevista por Thomas Malthus, não se concretizou.

Vejamos alguns avanços da humanidade.

Vivemos melhor - O homem hoje ganha cerca de três vezes mais do que há 50 anos passados. Consome um terço a mais de calorias, desfruta esperança de vida aumentada em um terço. A mortalidade infantil, por sua vez, foi reduzida em dois terços.

Na cidade também é bom - Ao contrário do que se imagina, viver na zona urbana é melhor do que no campo. O homem urbano ocupa menos espaço, gasta menos energia, produz menos impactos sobre o meio ambiente. O melhor que se faz é construir mais arranha-céus.

Reduzindo a pobreza - Os pobres estão se elevando no quadro social. Entre 1980 e 2000 o consumo de bens dobrou. Os chineses são dez vezes mais ricos e já estimulam mais de um filho. Reduziu-se em 50% a faixa dos que viviam na extrema miséria, os quais passaram a ganhar na metade do século mais do que ganharam nos últimos 500 anos.

Nem sempre o mais caro é melhor - As necessidades básicas do homem ficaram mais baratas. Por exemplo: na energia que consumimos, gastamos infinitamente menos para consumir a mesma coisa, em uma condição mais de 43 mil vezes melhor.

Ambientalismo *versus* produção - Mares, rios, lagos e ar estão cada vez melhores. Controlamos muito mais a poluição. Produção mais limpa. Incentivos ao emprego. Qualidade de vida. Distribuição da riqueza.

Mais comodidade - A população atual tem mais acesso a energia, alimentos, gigabytes, megahertz, calorias.

Comércio crescente - Ninguém é autossuficiente em tudo. Precisamos uns dos outros. Compramos onde matérias-primas são mais abundantes. Vivemos uma aldeia global.

Expansão das fronteiras agrícolas - As áreas cultivadas aumentaram 30% das safras em 600%. Mais de 800 milhões de hectares de floresta tropical secundária vêm surgindo, ricos em biodiversidades. Ara-se mais nas mesmas terras.

Os bons tempos - A nostalgia dos "velhos tempos", de tranquilidade, simplicidade, sociabilidade, espiritualidade, cede lugar ao homem tecnológico, científico, saudável.

Malthus e os alimentos - A taxa de natalidade em muitos países vem sendo menor. O Japão experimenta uma redução drástica na população. Dos 6 bilhões de habitantes previstos como ideal para o planeta, já temos 7 bilhões e marchamos para 9,2 até 2075. Mas voltaremos aos 6 bilhões de habitantes. Não haverá escassez de alimentos, que vão se tornando cada vez melhores e mais abundantes, mercê do controle das pragas e métodos agropecuários mais adequados.

A era do petróleo está findando? - Na década de 70 imaginava-se que a reserva do Globo era de 550 bilhões de barris de petróleo. Nos 20 anos seguintes o mundo usou 600 bilhões de barris. As reservas, que acabariam em 1990, chegavam a 900 bilhões, sem falar-se no xisto e nas areias betuminosas. A energia renovável do álcool da cana-de-açúcar, do milho e da batata-doce se expande. Alternativas que geram mão de obra e emprego, menos poluentes.

Mas que geração boa, a nossa - Paz, liberdade, educação, medicina e viagens de lazer são conquistas cada vez mais promissoras.

As intempéries não são tão piores - Reduzimos em 99% as mortes e resultados danosos de fenômenos naturais atmosféricos. As previsões, permitindo medidas de cautela e controle, atenuam o impacto dessas catástrofes.

Novas ideias - Tecnologias novas surpreendem. Jovens cientistas, "crianças-cristal" ou "crianças-índigo" dão novos alentos. Descobertas maravilhosas tornam o planeta um lugar cada vez melhor de se viver.

Resolveremos os nossos problemas - O verdadeiro perigo está em conter os avanços, parar as mudanças. Somos metamorfose constante. Para cada magno problema, uma solução melhor ainda.

Mas que depressão? - A depressão de 1929 assustou, mas não acabou com a humanidade, que ressurgiu como *fênix* das cinzas. A de 2012, ameaçando a economia global, suscita mais união, mais investimentos, mais aplicação. Novas tecnologias procedimentais.

Mais otimismo – As notícias más encantam pessoas ávidas de emoções, enchem os olhos, dominam a mídia preocupada em faturar audiência. Todavia, oferecem uma visão deformada da sociedade organizada. E, ainda, geram malefícios incomensuráveis. Pelas teorias pessimistas, o mundo já teria acabado várias vezes. O *efeito Schumann* reflete a repercussão global das energias que labora, sempre, em favor do progresso e do crescimento. Otimismo sempre é a nova palavra de ordem.

7

PENSO; LOGO, RESISTO

O que ouço, esqueço.
O que vejo, lembro.
O que faço, aprendo.

Deepak Chopra, famoso médico indiano, domiciliado nos Estados Unidos, chama-nos a atenção para o fato de que nem sempre ouvimos convenientemente o que o nosso corpo tem a nos dizer.

Ele considera que o modo como pensamos interfere no funcionamento do organismo, podendo produzir uma vida mais saudável, corroborando, aliás, a tese do *efeito Schumann*. As ideias do russo Garjaiev e do alemão Burloff, cientistas que afirmam podermos modificar até mesmo as hélices helicoidais do DNA, erradicando as possibilidades de doenças genéticas, como hipertensão arterial e diabetes, por exemplo.

O endocrinologista radicado nos EUA baseia seus tratamentos em princípios colhidos nos ensinos medievais da Medicina Ayurvédica, criada há mais de 5 mil anos na Índia, por meio de uma sintonia entre o corpo e a mente, com a prática, por exemplo, do Ioga e da Meditação. Ele defende uma integração dos tratamentos e emprego do *biofeedback* (retroalimentação). Escolhida a nova opção, repeti-la até constituir hábito.

A prestigiosa revista médica *The lancet oncology* afirma que as técnicas de meditação aumentam a quantidade de telomerase, enzima associada à proteção contra o envelhecimento precoce, aumentando o comprimento dos telômeros, estruturas presentes nos terminais dos cromossomos.

Estudos demonstraram que doenças crônicas são resultantes de estresse (95%). Assim, além do tratamento médico convencional, sugere um esforço alternativo mais profundo, sobre as origens das doenças.

Ouvir o corpo é conhecer-se, penetrar nas suas idiossincrasias. Buscar alternativas positivas, saudáveis, realizando auto-observações, que retroalimentem o programa (*feedback*).

A medicina oriental encontra-se com a tradicional, ortodoxa, do Ocidente, aplicando-se princípios milenares que resultam no bem-estar, no alongamento da vida, no envelhecimento com qualidade de vida.

8

Estresse e envelhecimento

Alguns creem que para ser amigo basta querer,
como se para estar são bastasse desejar a saúde.
Aristóteles

Em 1930, na Universidade de Harvard, pesquisadores iniciaram um dos mais amplos e longos trabalhos envolvendo o comportamento humano. A pesquisa levou uma década, catalogando condutas do tipo egoísmo e altruísmo, individualismo e solidariedade, egocentrismo e desprendimento, reavaliando os pesquisados 30 anos depois.

Observou-se que pessoas voltadas para ações altruístas, de gratidão e solidariedade, mantinham, basicamente, altas taxas de imunoglobulina, de defesas orgânicas. Em contrapartida, pessoas egoístas, individualistas, negativistas, com dificuldades em perdoar, estão propensas a desenvolver, a partir dos 40 anos, patologias como Alzheimer, Parkinson, diabetes, pressão alta, erupções cutâneas de um modo geral.

Em 2002, o Dr. George Daylan reuniu o estudo em um livro, *best-seller*, intitulado *Envelhecer bem*, apontando importantes considerações a respeito. Neurocientistas concluíram que os neurônios, ao contrário do que se pensava, renovam-se.

Em resumo, da mesma forma que se aplica aos músculos, a atividade faz bem ainda ao sistema neurológico. Assim, buscar novas atividades na maturidade e aposentadoria, fazer coisas novas, abrir desejos renovados, como Universidade da Terceira Idade, Clubes de Dança na Terceira Idade, seriam formas de incentivar e ampliar a dopamina, substância responsável pela renovação dos neurônios.

Um teste realizado com um rato preso em uma gaiola, conectada a outra gaiola por um tubo transparente, com o diâmetro pouco maior que o do corpo da cobaia, ao ter interrompida a sua travessia ou trânsito, por esse tubo, que se fechava nas duas extremidades, entrada e saída, por duas horas, produziram estresse, síndrome do imobilismo, desenvolvendo no cérebro do rato uma perda dos neurônios, substância negra capaz de enrijecer seu corpo e produzir movimentos tipo reação semelhante ao sintoma do Parkinson.

Constatou-se também que pessoas que acabavam de passar por uma situação traumática, perda de ente querido ou do emprego, sujeitavam-se ao acometimento de eventos como os acima enumerados, quando não desenvolviam uma conduta de superação.

Observou-se, ainda, que pessoas residentes próximas à região equatoriana, ensolarada, mais quente, mais submetida aos raios solares, recebiam, ao contrário das populações de clima frio, um influxo positivo dos raios solares sobre o estado de humor, graças à fixação da vitamina D no organismo. Isso incentivou a aplicação de raios ultravioletas (UV) em terapias artificiais.

Mas, mesmo em países como Noruega, de clima frio, as pessoas dessa região, que consomem peixes de águas geladas, como o bacalhau, com adiposidades protetoras (e também *ômega-3*), tinham preservado, de certo modo, os benefícios da dopamina, da renovação dos neurônios. Substância encontrada, entre nós, na cavala (ou ainda cavala-da-índia), no atum, na anchova, na tainha, na sardinha.

As ocorrências pós-traumáticas são observadas em 85%

das pessoas, segundo esse estudo da Harvard. Os resultados apontam a necessidade de o indivíduo *conhecer-se*, em primeiro lugar, como os gregos sugeriam no pórtico de Delfos (*cognosce te ipsum*). E, em segundo lugar, *decidir-se*. Tomar uma decisão quanto à conduta, aos procedimentos. No que ajudariam a prevenir ocorrências como as mencionadas, inclusive artrites reumatoides, artroses.

Dessa forma, valorizávamos o QI (Quociente de Inteligência). Evoluímos para a Inteligência Emocional (QE) e agora marchamos para a Consciência Espiritual (QS). Assim, não basta a inteligência, nem a emoção, mas a certeza de que somos um ser espiritual, em provisória vilegiatura carnal, aprimorando-nos, pela reeducação constante.

O engenheiro Hernani Guimarães Andrade (desencarnado em 2003), único brasileiro a ter seu nome inscrito na Academia de Ciências de Moscou, desenvolveu a tese do Modelo Organizador Biológico, cientificando-nos que o pensamento molda o Espírito. Somos o que pensamos.

9

Pena de morte

A verdadeira amizade surge quando o silêncio
entre dois parece ameno.
Erasmo de Roterdã

James Holmes, o jovem médico de 24 anos que atirou na plateia de 200 pessoas durante uma sessão de cinema, no lançamento de mais um esperado filme da série *Batman*, matando 12 espectadores, foi levado a julgamento em apenas alguns dias após o fato.

Com seus cabelos pintados de ruivo, imitando Coringa, o personagem da famosa série, maior rival do super-herói, o jovem, de olhos esbugalhados, não precisou esforçar-se para parecer louco e, assim, livrar-se da pena de morte. Quem comete delito dessa natureza, por somenos, oferece indubitável atestado de insanidade mental.

A pena de morte parece resolver o assunto e exaure, momentaneamente, o noticiário. Entretanto, como espírito imortal que nós somos, James retornará ao mundo espiritual com todas as suas mazelas, sem oportunidade de melhorar-se prontamente, até o verdadeiro arrependimento e/ou oportunidade de redimir-se em processos renovados reencarnatórios.

Com a prisão perpétua, tal o somatório das penas, ou Manicômio Judiciário, será submetido a tratamento médico continuado e psicoterapias, aliados a outras formas de recuperação, para devolver-lhe a condição de poder retornar ao convívio social.

Um aspecto importante, nem sempre observado, é a vitrine da sanção que repara o erro, demonstrando à sociedade que o crime não compensa. Sua imagem mostrada, arrependido, ou não, servirá de fator desestimulante de outros delitos dessa natureza.

Em geral a mídia parece demonstrar o sucesso momentâneo e aparente dos facínoras, que afrontam a lei, exibindo mais as vítimas e os estragos decorrentes, não acompanhando, mais tarde, em alguns casos, como no Brasil, demoradamente, a ida ao presídio, onde cumprirá limitações na liberdade de ir-e-vir, ante o fato praticado.

10

MUNDOS HABITADOS

Oferecer amizade ao que pede amor
é como dar pão ao que morre de sede.
Ovídio

O famoso físico israelense Daniel Zoffmann, diretor do respeitado Instituto Weizmann, de Israel, em entrevista à conhecida revista brasileira, sobre as possibilidades de existir vida em outros planetas, declarou que, se alguém lhe fizesse essa pergunta vinte anos antes, responderia que seriam diminutas. Mas que hoje responde que são diminutas as possibilidades de não existir.

Zoffmann acrescenta que, nos tempos atuais, sabe-se da existência de milhões de planetas em condições de manter a vida como nós a concebemos, dentre os bilhões de planetas girando em torno de estrelas como o nosso Sol.

Indagado sobre o tempo necessário a essas novas descobertas, respondeu que não demorará mais que uma década, até que as tecnologias nessa área permitam. Jesus falou que "há muitas moradas na Casa do Pai".

As viagens espaciais, as fotos dos telescópios Hubble e, agora, do Kepler, com suas possantes lentes, mais límpidas, revelam os milhões de galáxias planetárias, até onde se pode ver.

As novas descobertas arqueológicas confirmam, por sua vez, a visita de seres extraterrestres, com suas naves e roupas estranhas, nos primórdios do Planeta. Desenhos em plantações agrícolas, impossíveis de serem feitos por mãos humanas, figuras gráficas em cavernas e escritos paleontológicos, narrativas de astronautas, tudo corrobora a tese de que fomos e continuamos sendo visitados por seres oriundos de outros planetas, quiçá de outras galáxias.

Certamente, dotados de maior tecnologia que a nossa, esses seres não vêm para nos subjugar ou conquistar. Talvez, até, não se sintam encorajados a contatos mais explícitos, dado não estarmos preparados para recebê-los. Alguns mesmo, como "anjos caídos", talvez viessem para experiências, como abduções, com os humanos, incluindo animais.

Enfim, está se aproximando o tempo em que, regenerados moral e eticamente, tenhamos acesso a seres angelicais, vivenciando uma nova era de paz e harmonia, prosperidade e progresso.

11

Remorsos

Repreenda o amigo em segredo
e o aplauda em público.
L. da Vinci

O famoso médico e médium Waldo Vieira, autor da conhecida obra *Projeciologia*, que explica a capacidade humana de projetar a consciência para além do corpo físico, o que alguns chamavam "consciência estendida", escreveu, em parceria com o médium Francisco Cândido Xavier, várias obras ditadas pelo espírito André Luiz, dentre as quais *Evolução em dois mundos*.

O livro foi psicografado de forma curiosa, cada médium trabalhando na cidade em que residiam - Waldo, em Congonhas do Campo, e Chico, em Uberaba, ambas no estado de Minas Gerais. Os capítulos encaixavam-se perfeitamente, numa sequência lógica e predeterminada.

O caso que vamos relatar é que um mendigo resolvera instalar-se e dormir, todas as noites, na varanda da residência do Dr. Waldo Vieira, sujeito ao desconforto e frio natural da região. Assim, o abnegado médico, e também médium, providenciou alojamento mais confortável, para o visitante noturno, transferindo-o para local mais adequado. Tal não foi sua surpresa, quando novamente o mendigo retornou e instalou-se outra vez na varanda da sua casa, menos confortável que a pousada conseguida.

Chico, com sua visão espiritual ampliada, meditou um

pouco e observou ao distinto amigo que algumas pessoas provocam em si mesmas um sofrimento, compungidas pelo remorso de fatos de existências passadas. E, enquanto não se libertarem desse remorso, buscarão, inconscientemente, essa dor, com o fito de libertar-se do aguilhão. Aquele mendigo, explicou Chico, fora um rico fazendeiro, que expulsara famílias humildes de suas terras, deixando-as ao relento.

Com efeito, não há tribunal mais forte que o da própria consciência. Por isso, alguns reencarnam portando no corpo físico marcas indeléveis do passado. Algumas vezes em mais de uma reencarnação. A duração será ditada pela libertação, resignação, aceitação, reparos, conciliação. Somente assim, moldando um novo ser, no chamado "modelo organizador das formas", como o denominou o engenheiro Hernani Guimarães Andrade, conseguirá progredir e avançar na senda evolutiva.

12

MEDIUNIDADE

> O homem mais rico do mundo não é o que
> mais conserva o primeiro ouro que ganhou,
> mas o primeiro amigo que teve.
>
> **M. Meron**

Narra o historiador Heródoto, de Halicarnasso, que o rei Crésus, da Lídia, preocupado com os destinos do seu reino, ante os avanços do conquistador Ciro, rei da Pérsia (atual Irã), despachou 100 embaixadores a várias partes do mundo, em busca de profetas e adivinhos, a fim de descobrir qual o futuro do seu país diante de iminente guerra. E para assegurar-se de que não seria vítima de imposturas dos oráculos consultados, determinou que dissessem o que ele, Crésus, estaria fazendo em determinado dia e hora.

Os embaixadores saíram pelas aldeias, atendendo ao que determinara o rei Crésus. E as entrevistas sucederam-se, com videntes e pitons. Cada um deles vaticinou alguma coisa. Mas somente um, o oráculo de Delfos, na Grécia, profetizou o que o monarca fazia no momento assinalado: Crésus se achava no subsolo da sua moradia, matando um cordeiro novo e uma tartaruga velha, preparando, pessoalmente, uma refeição.

Encantado com a profecia, o rei mandou buscá-lo e indagou se Ciro, da Pérsia, iria invadir seu território também. O profeta confirmou o que Crésus temia.

O rei, então, preparou seus exércitos para esperar o invasor, o que não impediu que fosse vencido. Seus homens escravizados ou mortos e ele, Crésus, levado a uma fogueira.

Quando era levado ao pé da fogueira para ter o corpo tomado pelas chamas, começou a recitar, em grego: "Sólon, Sólon, onde estás?", buscando apoio. Ciro, passando pelo local, ouviu aquilo, apeou da montaria e mandou soltar o homem, transformando Crésus em preceptor e educador dos seus filhos, tornando-se responsável pela formação de Cambises, seu sucessor.

Em 16 de setembro do ano 96, Filostrato, historiador grego, narra que Apolônio, de Ticiana, pregava e, de repente, proclamou uma predição – o assassinato de Tício, em Roma, traído pelo Senado. Distava Éfeso cerca de mil milhas de Roma.

Dante Alighieri (1265-1321), autor da obra *Divina Comédia*, descreve que o papa Pio V tivera uma visão, profetizando que as tropas de D. Juan de Áustria expulsariam os inimigos turcos, em batalha no porto de Corinto. Todos acharam que o papa havia ficado louco. Mas os sinos puderam depois badalar a anunciada vitória. E só após muitas semanas chegavam notícias confirmando a vitória e expulsão dos turcos.

Em setembro de 1876, Emmanuel Swedenborg vê Gotemburgo, próxima a Estocolmo, na Suécia, arder em chamas, anunciando o que viria a acontecer.

Em 1956, o cardeal Eugênio Pacelli, autor do *Compêndio de Direito Romano*, narra que Pio X lhe aparecera. Diante da visão, exclamara tomado de emoção: "Sua Santidade...". Entretanto, Pio X responde: "Não sou. Sou apenas teu irmão. E digo que serás papa." O que aconteceu deveras, eleito por unanimidade.

E a História registraria um triste episódio, no qual Eugênio, então como papa Pio XI, teria oportunidade de acompanhar. A Polônia foi invadida por alemães e russos, na II Grande Guerra. Cerca de 60 milhões de vítimas. Seis milhões de judeus (que em vida anterior haviam sido soldados do rei Davi, atrozes) perecem. Papa Pio XI se cala ante o holocausto.

João, em *Atos dos Apóstolos*, já previa o Apocalipse.

Em 1848, as irmãs Fox, no lugarejo de Hydesville, estado de Nova York, ouvem ruídos, pancadas no interior da parede (*raps*), que respondem a perguntas, de modo inteligente, indicando uma comunicação, que iria ganhar o mundo. Enterrado ali, do lado de fora, estava um antigo mascate, assassinado pelos anteriores moradores da cabana.

Mas em 1861 viria a lume a obra *O Livro dos Médiuns*, do insigne professor Denizard Rivail, cognominado Allan Kardec, desvendando, de forma pedagógica, os fenômenos parapsicológicos, que então assumiriam o nome de fenômenos de efeitos físicos. Esses insólitos fenômenos seriam, depois, aprofundados na Metapsíquica, com Charles Richet, e com *sir* William Crookes (descobridor do Tálio) nas investigações paranormais, e por César Lombroso, na Itália, que, antes cético e materialista, rendera-se à autenticidade dos fenômenos, principalmente quando deparou o espírito de sua mãe, ao investigar a mediunidade de Eusápia Paladino.

Essas comunicações viriam ganhar, na década de 50, na Universidade de Duke, na Carolina do Norte, EUA, foros de ciência da investigação dos fenômenos anímicos, com o nome de Parapsicologia, termo cunhado pelo Dr. Joseph Banks Rhine, ao demonstrar a leitura das *cartas Zen*, tiradas ao acaso.

A mediunidade, em todos os tempos, foi fator de descobrimento da vida espiritual, do ser superior que nos rege. Da interação mente-espírito.

13

O CEGO

Como sabes tu se é amor ou amizade?
O que separa esses sentimentos?
John Kempel

Enorme incêndio irrompeu numa casa, durante a noite, apanhando de surpresa um casal que dormia. Os dois conseguiram salvar-se, mas a mulher ficara com o rosto deformado, pelas chamas. O homem ficara cego.

Durante anos viveram felizes. Ela na certeza de que ele, cego, não poderia ver-lhe as deformações produzidas no seu rosto; ele, sempre elogiando a beleza da esposa, tal como a conhecera e durante anos de feliz convívio.

Já idosos, ela veio a falecer. Durante o sepultamento, o viúvo acariciava o rosto da mulher amada, derramando lágrimas pelas faces sofridas, pronunciando palavras amorosas. Um amigo aproximou-se e, notando os movimentos desenvoltos do homem que até bem pouco caminhava com dificuldades, amparado por todos, indagou-lhe:

- Meu amigo... Parece até que a morte da sua esposa devolveu-lhe a visão...

E ele, sentidamente:

- Não, meu caro. É que após o incêndio, ainda no hospital, soube da grande deformação ocorrida na face da minha amada mulher e da sua imensa preocupação comigo, ante a sua imagem, pelo que, para não transtorná-la, simulei cegueira esse tempo todo, mantendo-a feliz durante mais de 20 anos. E, assim, vivemos felizes.

14

Superação

> Se tu queres formar juízo acerca de um homem,
> observa quem são seus amigos.
> **Fenelon**

Guilherme Ornellas percebia que o glaucoma, que aumenta a pressão ocular, progredia rapidamente, o que o levaria, inexoravelmente, à cegueira. Com licença do seu filho, advogado Nelson Ornellas, contamos um aspecto da sua história.

Assim, aos 80 e poucos anos, começou a impor-se um treinamento, buscando, com os olhos fechados ou no escuro, colocar a chave da porta na fechadura e outros exercícios que o levariam a manter qualidade de vida, caso sobreviesse falta da visão, o que aconteceu, ficando totalmente cego aos 90, vindo a falecer com 94 anos.

Guilherme deixou-nos grande lição de superação. Em vez de ficar lamentando-se, preparou-se para enfrentar a adversidade.

Recentemente, um atleta sul-coreano, Jinyek Oh, nos Jogos Paralímpicos de Londres, deu igual exemplo de superação. Pressentindo a perda progressiva e incontrolável da visão, competindo na modalidade Arco e Flecha, onde a boa visão é fator primordial para alcançar o objetivo de atingir o centro do alvo, começou a identificar a altura e posicionamento que deveria impor ao seu braço, ao empunhar o arco e a flecha.

Assim, mesmo de olhos fechados, Jinyek poderia apontar na direção certa e obter o melhor resultado. Dessa forma competiu em Londres, sagrando-se campeão na modalidade escolhida.

Os chamados para-atletas são exemplos dignificantes de pessoas com necessidades especiais que não se entregam. Por conta de tais esforços empreendidos por essa gente resoluta e persistente, existem hoje olimpíadas só para eles.

15

Profecia

Quem não buscou amigos na alegria,
em desgraça não os peça.
Provérbio

A título de elevar a autoestima das crianças, educadores sugeriram aos pais que as elogiassem sempre, e ao máximo. Agora, em revisão pedagógica, especialistas indicam que nem sempre isso deve ser feito.

Alguns pais tratam os filhos como se fossem realezas, afirma o psicólogo Keith Campbell, da Universidade da Geórgia, em seu livro *Epidemia de narcisismo*. E completa: Eles precisam entender que "seus filhos são especiais para eles, mas não para o resto do mundo".

Eventuais frustrações vão educá-los para a vida, ensinar-lhes, como jovens, que não são o centro do mundo, pensar que todas as suas vontades devem ser satisfeitas. Não "se acharem" permanentemente merecedores.

Grupos dessa natureza têm dificuldades em aceitar críticas, analisa Daniela do Lago, da Fundação Getúlio Vargas. A *Page Personnel*, uma das maiores empresas de recrutamento de jovens em todo o mundo, verificou, em 30 anos, que 80% de entrevistados afirmavam que gostariam de mudar de empresa, se não lhes dessem a promoção a que se julgam no direito.

A expectativa exagerada dos jovens foi analisada no livro *Generation Me*, de Jean Twenge, psicóloga e professora da Universidade de San Diego, Califórnia. Comparando os perfis, em aprofundado estudo, constatou que o narcisismo pode provocar uma falsa sensação de si mesmo, um excesso de confiança, um ego inflado, hipersensibilidade exagerada. A revista *Times*, da Rede CNN, constatou que dois terços dos pais americanos acreditam que mimaram demasiadamente seus filhos, como narra a jornalista Sally Koslow.

Em 1969, o psicoterapeuta canadense Nathaniel Braden convenceu educadores e pais de que deveriam elogiar muito e sempre seus filhos, como forma de aumentar sua autoestima e prevenir depressões, movimento que chegou ao auge em 1986, nos Estados Unidos. Isso foi mudado, a partir de um estudo determinado pelo governador da Califórnia, George Deukmejian, que concluiu que, na ânsia de elogiar os filhos, faziam-no até quando desnecessário, criando uma imagem distorcida deles mesmos, os que premiam tarefas banais.

Ao predizer um futuro promissor para os filhos, criam ambientes para eles cultivarem essas aspirações proveitosas. Mas as observações percucientes, apuradas, sobre a índole dos meninos, o comportamento, os erros e acertos, indicam que muitas vezes a crítica é necessária. Sempre em *petit comité*, elogiando publicamente, mas repreendendo-os em separado.

Apontar onde pode e deve ser melhorado constitui um regime constante de aprimoramento, sem compulsão, todavia.

É preciso saber que não são especiais, que podem ter falhas. Que podem aprimorar e melhorar. Que todos têm esse direito de crescer. E todos devem ser respeitados, como criaturas.

Algumas sugestões são anotadas: impor limites (1); saber dizer "não", embora com doçura (2); treiná-la na sua autodeterminação, no fazer sozinha (3); elogiar merecidamente, com comedimento (4); evitar presentes e mimos demais (5). Elogio mal aplicado é pernicioso.

Os esportes são muito bons, pois desenvolvem o cooperativismo, a solidariedade, ensinam a perder com elevação. Aprimoram músculos e mente, previnem fadigas cardiocirculatórias, favorecem os neurônios. A nova geração escrava do *mouse*, horas diante dos vídeos, dos monitores, dos games, alimentados com pipoca e muito sal, guloseimas e calorias, abandonam hábitos salutares do convívio ao sol, onde vão fixar o cálcio, prevenir osteoporoses.

Saber controlar os próprios impulsos é mais importante que a autoestima, desenvolvendo a força de vontade, assinala o educador Roy Beaumeinster, professor da Universidade da Flórida. Para ele, a melhor educação é aquela em que os pais elogiam apenas quando as crianças o mereçam, impõem regras e sabem sensibilizá-las em certas situações.

Alguém tem que começar isso. O que nem sempre se aprende nas escolas. Daí o papel da igreja, da imprensa, dos educadores em geral, formando uma nova geração, desprovida de distorções que acarretam sofrimentos multilaterais.

Mormente trabalhando fora, homem e mulher hesitam em impor limites, promover corretivos. Ficam demasiadamente adocicados. Uma culpa dos pais que trabalham fora, diz Claudete Reichert, professora da Universidade Luterana do Brasil.

16

Bem amargo é que é bom...

O amigo é que nem o dinheiro, que,
antes de se necessitar dele, sabemos o valor que tem.
Sócrates

Pesquisadores da Universidade de San Diego, Califórnia, avaliaram 31 voluntários, aos quais deram a tarefa de comer 50 gramas de chocolate, todos os dias, durante duas semanas.

Os que ingeriram chocolate amargo (70% de cacau puro), denominado *beking*, apresentaram uma visível queda nos níveis de glucose e de colesterol LDL (mau colesterol) e um aumento do bom colesterol (HDL), enquanto dentre os que comeram chocolate branco não se observaram alterações significativas.

Com efeito, o consumo de chocolate amargo ajuda na redução das placas de gordura, controla a pressão arterial, melhora o fluxo sanguíneo, diz a nutricionista Camila Ragne Torreglosa, do setor de Nutrição Preventiva do Instituto do Coração, sendo, contudo, necessário que esteja a mais de 70% de amargor (cacau puro).

Mais do que antioxidantes, originários dos flavanoides (catequinas e proantocianidinas), chocolates são importantes fontes de potássio, magnésio e sais minerais, diretamente ligados à força muscular. Contudo, por extremamente calóricos, não devem ser abusados, sendo recomendado consumir comedidamente, em barras individuais, posto que, em cada porção de 25g, são 120 calorias. No máximo, 40 gramas, três vezes por semana.

O controle do estresse também tem sido observado, assim como da ansiedade, males do século, que atingem mais de 10% da população. Mulheres em TPM também observaram melhoria do humor, favorecida a serotonina, o bem-estar. Como assinala o *Jornal de Pesquisa do Proteoma*, EUA.

Finalmente, prefiram-se versões com 50 a 80% de cacau. No caso de conter confeites, lembre-se dos açúcares presentes. Os que contêm castanha são ótimos, explica a nutróloga Roseli Rossi, da clínica Equilíbrio (São Paulo).

Dê uma boa beliscada no chocolate, antes de partir para uma reunião estressante, e mantenha-se alegre e satisfeito com a vida. O "néctar dos deuses" tem seus benefícios reconhecidos desde 4 mil anos passados. Fortalece o sistema imunológico, reduz os riscos de cardiopatias, câncer, diabetes e até obesidade, aumentando a expectativa de vida. Um tablete de 45 gramas tem as mesmas propriedades que uma taça de suco de uva. Contém feniletilamina, chamada "droga do amor", e serotonina, que dá sensação de prazer.

Os Aliados, durante a II Grande Guerra, distribuíam barras de chocolate para os soldados no *front*, a fim de aumentar-lhes as calorias e acalmá-los ante o estresse natural. Recentemente, uma companhia aérea, que adiou um importante voo, fez o mesmo, para acalmar os passageiros.

Portanto, vamos a eles, mas com moderação.

17

SÓ SE VAI NO DIA...

Para os profanos a terceira idade é o inverno;
para o sábio é a estação da colheita.
Anônimo

Eduardo Leite, operário na construção civil, estava no térreo de um prédio quando um vergalhão, de dois metros de comprimento e aproximadamente cinco milímetros de espessura caiu do quinto andar em sua cabeça, perfurando-lhe o capacete e adentrando o crânio, atravessando-o, ficando na calota, a ponta sobressaindo entre os seus olhos.

Conduzido lúcido a um hospital, mexendo os membros inferiores e superiores, falando, foi operado cuidadosamente, retirando o incômodo objeto, que lhe caíra pesadamente. Levado ao Centro de Terapia Intensiva, lá permaneceu apenas em tratamento com antibiótico, para evitar infecção.

Semanas depois, outro operário, em Copacabana, Rio de Janeiro, Francisco Bento Barroso, 47 anos, caiu de uma altura de três metros, numa construção civil, e um vergalhão penetrou-lhe o pescoço, transpassando-o, sem atingir, contudo a veia jugular e a carótida, nem traqueia e esôfago, sendo atendido no mesmo hospital, pelo mesmo grupo de cirurgiões, permanecendo lúcido e sem sequela alguma. Um "milagre", como asseverou o médico cirurgião, chefe da equipe.

Há dois outros casos semelhantes, ocorridos ultimamente, em que as vítimas sobreviveram milagrosamente e sem sequela alguma. A poucos milímetros, para um lado ou para o outro, e órgãos importantes, das funções cerebrais, seriam afetados, deixando o paciente, inapelavelmente, paralisado.

Quase na mesma semana, Francisco das Chagas Silva, que fumara até dois maços de cigarros por dia, tivera um mal-estar, e ao ser conduzido em uma ambulância, sofrera parada cardíaca, sendo ressuscitado com auxílio médico. Durante as 12 horas seguintes ele chegou a ter cerca de 70 outras paradas cardíacas, usando-se desfibriladores e massagens cardíacas, para manter seu órgão cardíaco funcionando.

O filho do cantor Leonardo, após acidente de carro, que ele mesmo dirigia, chegou a ter parada cardíaca por seis minutos, permanecendo em estado de coma por vários dias. Recuperou-se, após seu pai fazer vários apelos públicos pelo seu restabelecimento.

Por muito menos que isso, pequenos derrames cerebrais ocasionam lesões muitas vezes irreversíveis, nas funções da fala e dos movimentos.

Com efeito, os desígnios do Alto são inexplicáveis, deixando perplexos os incrédulos, ante a sorte das pessoas que escapam de acidentes trágicos como esse.

Por isso, o filósofo e dramaturgo Shakespeare afirmava que "há mais coisas entre o Céu e a Terra do que possa imaginar a nossa vã sabedoria".

18

MEU COMPROMISSO PESSOAL

As pessoas que servem por algum tempo são boas.
As que servem durante muito tempo são excepcionais,
Mas as que servem a vida toda são indispensáveis.
Bertolt Brecht

Não ambiciono coisas de que não possa lidar. Limito-me aos fatos que a vida me deu. Administro o que posso. Sem prejuízo de buscar, sempre, crescer, inovar, produzir, ser útil de alguma forma.

Orgulho-me do que sou. Meu mundo me alegra. Minha autoestima está sempre elevada. Aceito de bom grado as coisas que Deus me concedeu.

Homem que é homem chora. Não me reprimo. Rio, naturalmente, do que merece ser rido. Choro, quando a ocasião me concita para tal. Sem arrependimento.

Sei que as noites escuras precedem os dias claros. Portanto, não abomino as dificuldades, que são estímulos a renovadas ações. Para cada grande obstáculo, um maior e inaudito esforço.

Não busco ser o que não sou. Prefiro ser o mais autêntico possível. Não escondo meus defeitos, que são muitos. Mas, também, não nego minhas virtudes, que as cultivo e procuro ampliar a cada dia.

Assumo o ônus do que faço. Para cada opção feita, aceito o correspondente encargo. Não me lastimo, nem me arrependo.

Não me considero melhor, nem pior do que os outros. Sou

normal, com defeitos e virtudes. Buscando, sempre, amparar--me nas tentativas de acertar, corrigindo equívocos.

Encaro os problemas como oportunidades de crescimento. Não me detenho nas dificuldades. Tomo-as como verdadeiro desafio. Tento sempre.

O passado passou. O futuro ainda nem começou. O presente é agora. A vida é um filme cujas cenas não se repetem da mesma forma. Vivo o agora.

Apoio-me na sabedoria dos mais velhos. Com eles procuro conviver sempre que posso. Respeito a energia e entusiasmo dos jovens, mas enriqueço-me com o conhecimento dos mais idosos.

Acredito em tudo aquilo que faço. Avalio antes de decidir e iniciar um projeto. Mas quando seleciono, escolho, dedico--me integralmente a ele.

Não temo as mudanças, encarando-as como necessidade de progresso. Venço a natural resistência, fruto da insegurança. E acredito que, em todo caso, saberei bem desempenhar--me e retirar o maior proveito possível da nova situação.

Promovo coisas que incrementarão minha autoestima. Fujo de tentativas vãs, ações impossíveis de concretizar. Acrescento pequenas vitórias em meu dia a dia.

Em vez de centrar-me nos aspectos difíceis, foco minha atenção nas soluções e caminhos. Não vejo a auréola, mas incremento minha mente no foco do que pretendo atingir ou alcançar.

Se eu amo tudo que faço, faço tudo de que gosto. Aprendo a tirar prazer em situações desvantajosas. Vejo o lado bom de cada atividade. Encontro alegrias no que realizo.

Se errar, reconheço o erro, imediatamente. Não tento justificar o injustificável. Ultrapasso, rapidamente, aquele momento infausto.

Reavalio-me sempre. Modificando o que pode e deve ser mudado. Aceitando o que não pode ser mexido.

Perder não me causa aborrecimento. Inquieta-me é não haver sequer tentado.

Não aprecio meu sucesso, ou fracasso, pelo dos outros. Não há sempre, nem nunca. Cada caso é um caso.

Planejo minha vida de acordo com meus parâmetros. Não pelos parâmetros dos outros. Meço minhas limitações e avalio as possibilidades. Assumo os riscos. Decido e vou.

Confesso, sem pejo, minha ignorância a respeito do que desconheço. Humildade e sabedoria.

Crescer depende exclusivamente do meu esforço. Não aguardo ajuda o tempo todo. Dedico-me a alcançar vitórias em todos os sentidos, com fé de que, todavia, laborando no bem, energias superiores jorrarão sobre mim.

Sonho alto e não desisto. As desilusões são fruto da insensatez, da falta de planejamento, de uma visão empática das coisas. Reavalio as causas de eventual insucesso e retomo a jornada.

Amo a tudo e a todos e faço tudo com amor. Tenho presente a máxima de amar ao próximo como a mim mesmo. E a Deus sobre todas as coisas.

Acredito firmemente que somos uma obra em construção. Seres em evolução constante, nós somos fadados ao sucesso e crescimento pessoal.

19

Retardando o Alzheimer

Senhor! Entrego o meu passado à vossa misericórdia;
o meu presente ao vosso amor,
o meu futuro à vossa providência.
Padre Pio

Esclerose múltipla, também o Alzheimer consiste no esquecimento precoce, que atinge o funcionamento dos neurônios, dificultando as comunicações eletro-cerebrais. Uma demência. Estudos mostram que 5 a 8% dos canadenses com mais de 65 anos possuem a doença, que pode afetar de 30 a 50% dos que têm mais de 85 anos.

Vários antídotos são apontados para corrigir, e até para prevenir, o que é mais importante e objeto destas resumidas sugestões.

Exercite-se. Correr (melhor andar) estimula a geração de novos neurônios no cérebro adulto, diz Henriette van Paag, do Instituto do Envelhecimento de Maryland, EUA. Ativam-se as células-tronco residuais que proliferam e migram para o hipocampo, do cérebro responsável pelo aprendizado e memória. Estimulam as proteínas responsáveis pelo "crescimento cerebral", melhora o fluxo sanguíneo e promove mudanças nos níveis dos neurotransmissores.

Consuma vitaminas do tipo B12. A mais conhecida estimulante das funções cerebrais, presente na carne de peixe, no leite. Pesquisadores da Universidade de Oxford, na Inglaterra, constataram que as chances de desenvolver atrofias cerebrais na meia-idade eram seis vezes menores naqueles que mantinham níveis mais elevados de B12.

Ingerir mais água. O corpo humano é constituído de 60% de água. As células neuronais, como as outras, necessitam de bastante água. Pessoas idosas recebem menos estímulos de sede, para beber água. Simplesmente esquecem-se, o que produz "encolhimento do cérebro", diz Marthew Kenton, do Instituto de Psiquiatria do King's College, em Londres.

Quando o corpo se desidrata, a água sai das células e elas encolhem. Um amigo, Abílio Santa Fé, aos 90 anos, tinha uma técnica para não se esquecer de beber água. Colocava biscoitos sem sal e sem açúcar, numa compoteira, em número de oito peças e ia consumindo ao longo do dia, com um copo d'água acompanhando. Tinha uma memória vivaz, lia os jornais diários, um livro por semana, assistia aos noticiários, discutia política do país e via as novelas até 21h, quando se recolhia sozinho, posto que, viúvo, para dormir.

Agite a mente. Enquanto idoso, pratique jogos de mesa (cartas, dominó, xadrez). Faça os jogos de palavras cruzadas. Telefone a amigos. Visite filhos e netos. Recepcione em casa as pessoas de sua estima. Viva com pensamentos positivos. Acredite nas pessoas, na bondade e na elevação humana. Cultive o amor ao próximo.

Aprenda outro idioma. Cientistas de Dartmouth College, nos EUA, após pesquisas, concluíram: pessoas que dominam outro idioma têm mais favorecidas as atividades cerebrais, a memória. Segundo o Dr. Michael Valenzuela, do Instituto Neuropsiquiátrico do País de Gales, em Sydney, Austrália, pessoas de qualquer idade podem aprender um novo idioma.

Faça uso da substância química "cobre". O cobre é um oligoelemento essencial para a saúde do sistema nervoso central, afirma Helen Sandstron, articulista de *Seleções do Reader´s Digest*. Encontrado na carne bovina, no fígado de carneiro, em ostras e cogumelos, castanha de caju e na pera, segundo a Escola de Medicina da Universidade de Washington.

20

Paralímpicos

Pensando bem, não somos tão velhos, o que acontece é que temos muitas juventudes acumuladas.

Francisco Aramburu

Com esta denominação, atletas, portadores de necessidades especiais, como deficientes da visão, amputados, deformados, se reuniram em Londres, em 2012, para disputar, entre si, medalhas de ouro, prata e bronze, num elegante, apertado e solidário campeonato.

Em Pequim, 2008, o nadador brasileiro Daniel Dias, sem as mãos, vence os 200 metros Medley e bate o recorde mundial.

A mesa-tenista polonesa Natalia Parryka, apoiando a bola de pingue-pongue, nas dobras do que lhe restou do antebraço, sagrou-se campeã, ganhando o ouro, em Londres.

Oscar Pistoryus, cujos pés artificiais eram constituídos de uma lâmina curva, funcionando como mola, sagrou-se campeão competindo nas provas dos 100, 200 e 400 metros.

Futebol-de-Sete, para cegos, portando uma máscara, para evitar fraudes, e deficientes da mente, no basquete, fazem a festa dos que prestigiam esses denodados desportistas.

Fato inusitado ocorreu com a brasileira Terezinha Guilhermina, deficiente visual, cujo *trainee*, Guilherme, soltou sua mão e caiu, no início da corrida. Ela parou, voltou e o ajudou a levantar-se. Completou a prova, embora em último lugar. No dia seguinte, concorreu novamente, tirando o primeiro lugar.

A alteração do nome paraolímpico, agora paralímpico,

mostra a preocupação dos organizadores com a lisura entre os concorrentes, cujo único objetivo é demonstrar, a si mesmo e à sociedade, o esforço de autossuperação, que deve presidir as ações humanas, daqueles que não se abateram, apesar das limitações físicas, mostrando aos demais que realmente o importante não é vencer, mas competir.

21

Reencarnacionistas

A arte de envelhecer consiste em conservar alguma esperança.
André Maurois

Crer na reencarnação, como já dissemos, não é apanágio dos espíritas.

Os povos do Oriente, em geral, sempre professaram essa crença. Da mesma forma que os nossos indígenas, que, dada a sua simplicidade, pureza e ingenuidade, viam tranquilamente os Espíritos dos seus entes queridos desencarnados.

Segundo o *World Value Survey*, a crença na reencarnação é professada por 22,6% da população dos países nórdicos, 27% da Europa Ocidental, 20,2% da Europa Oriental. Nos Estados Unidos, o número chega a 27%, de acordo com o *Gallup* (2003). E, no Brasil, apenas 44% da população não acredita na reencarnação, informava o *Datafolha*, de 2007.

Desde 1980, cerca de 200 mil crianças ditas *índigo* ou *cristal* têm reencarnado no planeta, para acelerar o seu progresso espiritual. Assim, ultimamente temos visto, na internet, as chamadas crianças prodígio, tocando prematuramente piano, violino, bateria, de forma magistral, denotando um conhecimento musical que transcende a presente encarnação, como se já soubessem manusear o instrumento musical. Isto representa um reforço extraordinário na crença em existências passadas e futuras.

No passado as experiências do *déjà-vu*, são narradas por

Ian Stevenson, no seu conhecido livro *Vinte casos sugestivos de reencarnação*. E nos trabalhos de pesquisa de existências passadas, desenvolvido pelo professor indiano Mohandra Banerjee.

Mais recentemente as clínicas de Terapia de Vidas Passadas, ou TVP, que auscultam não apenas as vivências da infância, mas, também, as reminiscências de vidas anteriores, com seu passado atávico, buscando a cura de males observados na presente existência.

Finalmente, com o controle em UTI's de pessoas sujeitas a paradas cardíacas e ressuscitadas, seus relatos, descritos pela Dra. Edith Fiori, que gravou 2 mil narrativas, nas quais, os que voltam descrevem a enorme paz experimentada, o túnel de luz, o encontro com parentes desencarnados.

Dessa forma, não há mais como se negar tais verdades, sob a pena de se passar por néscio, desprovido do senso crítico e ser mesmo motivo de chacotas.

22

Importância de ser ouvido

A maturidade é a vontade de viver em paz
com o que é impossível mudar.
Anônimo

Ao selecionar seus plantonistas voluntários, para treinamento e aplicação no auxílio aos que buscam ajuda por telefone, anônimos, o CVV - Centro de Valorização da Vida, pessoas mais aptas a escutar, do que falar, o grupo benemérito alcançou um ponto de enorme sabedoria na terapia humana, ante os problemas que afligem a nossa sociedade conturbada.

O CVV, que em março de 2012 completou 50 anos de fundação em nosso país, por um grupo de universitários, que desejavam atuar na prevenção ao suicídio, conta hoje com cerca de 2 mil voluntários, em mais de 70 postos, distribuídos em todo o Brasil, oferecendo apoio emocional 24 horas por dia, para os que necessitam conversar com alguém, desabafar suas tristezas, desânimos, ansiedades e angústias.

Agora também na era digital (www.cvv.org.br) e dispondo de canais de comunicação externa, o CVV amplia seu leque de atendimento, além da ferramenta mais comum utilizada, o telefone.

Segundo a Organização Mundial da Saúde (OMS), cerca de 3 mil pessoas se matavam por dia, segundo levantamento realizado no ano 2008, crescendo 60% nos últimos 50 anos, sendo nos países desenvolvidos uma das três principais causas de morte entre pessoas de 15 a 30 anos.

Um menino perguntara ao avô qual a parte mais importante do corpo humano e surpreendentemente ele disse que era o ombro. E explicou: "É ali que você repousa sua cabecinha, quando está choramingando, e onde relata suas queixas".

A necessidade de um "ouvido" amigo é imprescindível para o equilíbrio emocional para a maioria das pessoas. É, como se diz, "alugar um ouvido" para declamar suas lamentações. Ocorre um alívio muito grande, quando compartilhamos com alguém as nossas queixas. E, mais ainda, quando ouvimos afagos que nos acalmam e orientam.

Não é por acaso que no divã do psicanalista mais falamos do que ouvimos. Literalmente "torramos" os ouvidos do psiquiatra.

Em geral damos mais valor às pessoas que falam menos e nos escutam mais. Constitui falta de educação falar o tempo todo. É preciso saber escutar. Motivar as pessoas a falar daquilo que apreciam, seja futebol, seja política, seja religião. Embora, nesses casos, qualquer discussão na esfera desses temas não produza conclusões harmoniosas, levando ao desassossego e até indisposições pessoais.

O cônjuge é um dos melhores ouvintes. Ele bem nos conhece e fala do que gostaríamos de escutar. Acalma-nos sobremaneira. Mas é preciso não abusar. E, sempre igualmente estar disponível para escutar também.

23

LIFE-SIZE, O KIT DA SAÚDE

> Amamos as catedrais antigas, as moedas antigas, as pinturas antigas, e os velhos livros, mas esquecemos, por completo, do enorme valor moral e espiritual dos anciãos.
>
> **Lin Yutang**

O *personal trainer* Steven Kates e o cineasta Myles Berkowitz estão engordando suas contas bancárias, depois que idealizaram, lançaram e difundiram seu novo *life-size*, destinado a separar as porções alimentares em qualidade e quantidade necessárias ao consumo diário humano, reduzindo os excessos.

Seu projeto que vendeu mais de 7 mil *kits* em pouco tempo, só nos Estados Unidos e Canadá, baseia-se na teoria de que se pode comer de tudo que se gosta, desde que em porções mínimas, deixando a mesa com alguma vontade de comer mais.

Ao lado da chamada dieta dos artistas de Holywood, do metabolismo basal, adotado por celebridades de Beverly Hills, ou seja, gastar ou queimar as calorias que se ingeriu, ou da dieta chinesa, das cores, em que se enfeita a bandeja da salada com vegetais de todos os tipos, ensejando uma alimentação variada e volumosa para os intestinos, sem sobrecarga de proteínas e calorias.

Aliás, há anos vimos dizendo isso, em nossos livros de autoajuda. O que se deve fazer mesmo é fechar a boca (*fermé la bouche*). E quando estiver comendo, mastigar lentamente, pois, em assim fazendo, dá-se tempo a que as enzimas que indicam a saciedade, forneçam as informações necessárias à leitura cerebral, reduzindo a ansiedade por comida. Aliás, a digestão começa na boca, com as glândulas salivares.

O apetite está associado à produção do hormônio *grelina*, sintetizada no estômago. A ausência de proteína, nos níveis necessários ao organismo, dispara um mecanismo de fome, muita fome. Daí cai a produção de outro hormônio, serotonina, do prazer, da saciedade. Por isso, quando estamos ansiosos, sem sono, visitamos a geladeira, para mastigar alguma coisa.

As demais dietas radicais, proibitivas de tudo, não funcionam, diz o endocrinologista Freddy Elias-Chewitz, diretor do Centro de Pesquisas Clínicas CPClin. A única maneira de emagrecer de forma saudável é comer de tudo, mas pouco, assinala o médico.

A coleção de potinhos, lançada como *life-size*, ao custo de 93 dólares, associados a três DVDs virou sucesso de vendas.

Levantar-se da mesa antes de empanturrar-se é o melhor remédio. Comer entre as refeições, pequenos lanchinhos, ajuda a saciar e dá uma agradável sensação de prazer, não deixando o estômago devorar a tudo, em inusitado canibalismo, ensejando gastrites, úlceras e até câncer. Portar barras de cereais, enquanto na rua ou no trabalho, evita esses acontecimentos.

24

EDUCAÇÃO

Goethe concluiu Fausto aos 82 anos, Tiziano pintou obras valiosas aos 98. Toscanini regeu orquestras aos 87. Edson trabalhava em seu laboratório aos 83. Benjamim Franklin contribuiu para a Constituição dos Estados Unidos aos 81. Nunca é tarde para aprender e para ensinar.

Autor desconhecido

Maria Stella de Azevedo Santos, 73 anos, mais conhecida como Mãe Stella, uma das mais conhecidas *Iyalorixás* da Bahia, do *Ilé Axé Opô Afonjá*, relata-nos em artigo publicado em *A Tarde*, maior noticioso do Norte-Nordeste, que um governante perguntara a alguns presos, durante visita ao presídio, qual a razão de ali estarem.

O primeiro respondeu-lhe que um grupo de falsos amigos lhe pusera armadilha, resultando na sua prisão. Outro declarou que fora equívoco da Polícia levá-lo à prisão. Um terceiro informou que se tratava de erro judiciário.

A tendência de colocar a culpa nos outros é da índole humana. Quase nunca examinamos, com retidão, a nossa própria culpa. "O inferno são os outros", diria Jean-Paul Sartre, na peça teatral *Huisclos*, de 1945.

Estabelecimentos escolares do município de Morro do Chapéu, região serrana e fria do interior baiano, instituíram uma premiação anual para os alunos que melhor se destacassem nas atividades escolares, entregando os troféus doados pelo comércio local em solene festividade, com a presença da comunidade e familiares. Os resultados escolares subiram incrivelmente, criando-se uma salutar competição, que elevou o nível do aprendizado e profissionalização dos jovens.

"Eduquem-se as crianças, e não precisaremos de presídios", afirmou um pensador e filósofo.

Costuma-se dizer-se, hilariamente, que dados os baixos salários dos professores, estes fazem de conta que ensinam, os alunos fingem que aprendem, e o Governo paga. Mas, na verdade, o professorado continua a ser aquele sacerdócio de abnegados educadores, que se gratificam a si mesmos, pelo próprio prazer de ensinar.

A busca desenfreada pelo "canudo", sem verdadeiramente aprender, implica acerbar a vaidade e até o ócio, quando precisamos, efetivamente, de ensino médio profissionalizante, despertando, desde cedo, o interesse pelas profissões e amor pelo trabalho.

O envolvimento maior dois jovens, a partir da conservação do patrimônio escolar, desestimulando-se atos de vandalismo, as salutares práticas desportivas, a jornada escolar estendida ao turno vespertino, com atividades culturais como teatro e idiomas, e profissionalizantes, como no trato com a informática, moldam o futuro cidadão, útil e indispensável à comunidade e a si mesmos.

Livres e em casa um turno inteiro, na ausência dos pais, dedicados a melhorar a renda doméstica, acabam enveredando por condutas malsãs, induzidos por pessoas despreparadas ou de mau-caráter, em alguns casos envolvimento com drogas, de libertação duvidosa.

Investimento na Educação, como bem fizeram alguns países asiáticos, incluindo Cingapura, trouxe a esses povos um retorno compensador.

25

DOZE SEGUNDOS

Deficiente - É aquele que não consegue modificar sua vida, aceitando as imposições de outras pessoas ou da sociedade em que vive, sem ter consciência de que é o dono de seu destino.

Mário Quintana

Em um simpósio de Medicina realizado nos Estados Unidos, discutiam-se as causas que leva uma pessoa que se levanta, subitamente ao acordar, vir a desmaiar.

A professora Linda McMaron, da Inglaterra, concluiu que ao adormecer o coração bate mais lentamente, reduzindo o esforço de bombeamento de sangue para todo o corpo e que ao levantar-se bruscamente, ao acordar, o retorno abrupto ao cérebro provoca um choque, que leva ao desmaio. E que seriam necessários, exatamente, 12 segundos de espera, ao acordar, antes de levantar-se e colocar-se na posição vertical, sentado na cama.

Um judeu presente no auditório levantou-se, tomou do microfone e pediu a palavra. Informou aos presentes que na religião dos rabinos há uma oração que recitada lentamente dura os mesmos 12 segundos. É uma oração recitada em hebraico, de agradecimento a Deus, por tudo que se recebe de bom.

Todos nós, por mais aposentados que sejamos, temos, ao acordar, algumas tarefas a realizar no dia, alguns projetos a tocar, algum trabalho a fazer. E, certamente, no dia anterior, tivemos algumas realizações feitas. Portanto, é muito importante agradecer pelo que recebemos do Alto. Quase sempre nos lembramos de pedir. Ou de queixarmo--nos. Mas agradecer ao acordar, seguido de um pedido de um dia de paz, de realizações proveitosas, sempre é muito salutar.

26

Linguagem dos Espíritos

Louco – É quem não procura ser feliz
com o que possui.
Mário Quintana

A professora Cíntia Alves da Silva, ora cursando Doutorado na Universidade Estadual Paulista Júlio de Mesquita Filho (Unesp), *campus* de Araraquara, desenvolveu sua tese de Mestrado sob o tema "Chico Xavier, uma análise semiótica", buscando conteúdo de linguagem e estilo divergentes, entre o médium, que servia de instrumento, e o declarado, nas quase 100 - das 450 obras psicografadas –, versando assuntos de consolação dos que se foram aos que aqui ficamos.

Diferentemente de outros estudiosos, que procuraram similitude de estilos inconfundíveis entre autores, como Augusto dos Anjos, a professora Cíntia, pertencente à Faculdade de Ciências e Letras, enveredou pela Semiótica, colhendo material de cartas publicadas nos livros *Entre duas vidas* (1974), *Jovens no Além* (1975), *Somos seis* (1976) e *Gaveta de esperança* (1980), do amável benfeitor.

A semelhança de linguagem e estilo de três dos autores mais frequentes, nas epístolas, Augusto César Netto, Jair Presente e Laurinho Basille, não deixam dúvida quanto à identidade pessoal de cada comunicante, diversa da do médium psicógrafo (Chico Xavier). A doutoranda analisa a imagem (e*thos*), dual, ambígua, em comparação com a do médium.

Agora a jovem doutoranda inicia nova pesquisa, com o

tema "A prática da psicografia: enunciação e memória em relatos de experiência mediúnica".

Desde o notável trabalho do paranaense Jorge Periandréa, grafotécnico aposentado do Banco do Brasil, *A psicografia à luz da grafoscopia*, várias teses universitárias nesse sentido vêm se apresentando, comprovando, cientificamente, a vida depois da vida.

27

Prevenindo o Alzheimer

> Cego – é aquele que não vê seu próximo morrer de frio, de fome, de miséria, e só tem olhos para seus míseros problemas e pequenas dores.
>
> **Mário Quintana**

Cientistas da Universidade de Washington, EUA, conseguiram diagnosticar elementos predisponentes ao surgimento do mal de Alzheimer, com 25 anos de antecedência.

Examinaram 128 pessoas geneticamente predisponentes à ocorrência do Alzheimer, verificando que possuem 50% de chances de virem a desenvolver a patologia.

Submetidos a exame de sangue, a partir do líquido (fluido espinhal) e de imagens cerebrais, bem como analisando a memória cognitiva, comprovou-se a predisposição, que ajudará a desenvolver antídotos e condutas tendentes a suprimir, evitar e corrigir o mal que leva o indivíduo à perda da memória, à esclerose múltipla.

A pesquisa, que acaba de ser publicada no *New England Journal of Medicine*, envolveu antecedentes verificados na Universidade da Islândia, que identificou mutações genéticas. Um gene responsável pela produção de uma substância precursora da proteína *beta-amiloide* poderia ser a solução, a partir de estratégias para impedir a formação dessa proteína.

O acúmulo dessa substância no espaço entre os neurônios é uma das causas da doença. Pode-se detectar com antecedência de 15 anos, com a elevação da atrofia cerebral, sua presença no cérebro. Já com dez anos menos, os neurônios começam a usar menos glicose, surgem falhas na memória episódica. Queda no rendimento da cognição se verifica cinco anos antes. E três anos antes, pacientes podem ser enquadrados no diagnóstico da demência, um dos principais sinais evidentes da enfermidade.

Sabe-se que atividades físicas previnem o surgimento de várias doenças, tanto vasculares, como pulmonares, e até neuronais. Reduz o estresse, a ansiedade e a depressão.

No Brasil estima-se que haja 1,2 milhão de vítimas do mal de Alzheimer.

Então, vamos andar!

Por hilária, vamos contar uma pequena história envolvendo três idosas, portadoras do Alzheimer.

Solteiras e vivendo juntas, uma, ao adentrar a banheira, ficou na dúvida, se já havia, ou não, tomado seu banho. Gritou para outra, indagando, e esta subiu devagar as escadas, quando, parando no meio delas, indagou-se se estava descendo ou subindo os degraus, gritando para uma terceira idosa, que estava na cozinha. Esta, dando três pancadas, com um dos dedos, na madeira, disse: "Te esconjuro, sai pra lá, azar!". E, logo em seguida, questionou-se, falando alto: "Será que tem alguém batendo à porta?"

Assim é o Alzheimer. Sorrateiro, lento, progressivo. Não deixe que ele se instale.

Previna-se.

28

Fluidoterapia

Surdo – é aquele que não tem tempo de ouvir um desabafo de um amigo ou o apelo de um irmão. Pois está sempre apressado para o trabalho e quer garantir seus tostões no fim do mês.

Mário Quintana

Franz Anton Mesmer, em 1775, reconheceu poder curar a partir das suas mãos. Expulso da sua terra natal, Viena, fixou--se em Paris, onde montou sua clínica, tendo como clientes, dentre outros, a rainha Maria Antonieta, que padecia de enxaqueca, considerada incurável.

O rei Luiz XIV, para acalmar os mestres da Universidade Sorbonne, que acusavam Mesmer da prática de charlatanismo, criou uma comissão de pesquisadores, entre os quais Benjamin Franklin, a qual concluiu pela legitimidade dos trabalhos de Mesmer, instalando-se o Mesmerismo.

Mas perseguido, logo após a Revolução Francesa, de 1789, Mesmer teve de refugiar-se em Viena, onde desencarnou mais tarde, em quase total anonimato.

Deixou, porém, a semente do que seria chamado magnetismo animal, ampliado com o sonambulismo, graças aos estudos do prof. Paul Broca.

Quem mais se utilizou dessas práticas, em verdade, foi o Divino Curador, na Palestina, atendendo os que se lhe cercavam e pediam ajuda.

Atualmente o Espiritismo, baseado nos princípios das energias sutis que regem as ligações do mundo imaterial com o corpóreo, empresta valiosa contribuição à cura das enfermidades.

A fonte e força dessa energia derivam de uma atividade amorosa, sadia, moralmente sanada e eticamente utilizada, dando de graça o que de graça se recebe do Alto.

Na Inglaterra e Alemanha, médiuns são cadastrados e chegam a manter placa de identificação à porta, para socorrer pessoas necessitadas.

A aplicação da fluidoterapia, com a imposição de mãos, não é privativa dos espíritas, verificando-se em práticas de *reiki*, dos messiânicos, e também dos católicos carismáticos, evangélicos igualmente.

Por isso se diz que o Espiritismo não é a religião do futuro, mas o futuro das religiões.

29

EXERCÍCIOS E PODER DO CÉREBRO

Mudo – é aquele que não consegue falar o que sente
e se esconde por trás da máscara da hipocrisia.
Mário Quintana

Henriette van Praag, Ph.D. do Laboratório de Neurociências do Instituto Nacional de Saúde dos Estados Unidos, em brilhante trabalho publicado na revista *Current Topics in Behavioral Neuroscience,* afirma que animais submetidos a exercícios regulares tem aumentada a produção de neurônios e substâncias que atuam na nutrição e desenvolvimento.

Os efeitos dos exercícios físicos regulares, duas a três vezes por semana, sessões de 20 a 30 minutos, se fazem notar; aumento da comunicação neuronal e do fluxo sanguíneo, maior liberação de neurotransmissores, geração de novos neurônios no hipocampo, sua regeneração, crescimento e desenvolvimento, e, finalmente, auxilia na formação de novos vasos sanguíneos, consolidando, também, a memória.

Os principais neurotransmissores beneficiados com exercícios são *dopamina,* que controla os movimentos, a atenção, a cognição e a motivação; a *norapinefrina,* que afeta o estado de alerta e a concentração, influencia a ansiedade e a depressão; o *glutamato,* fundamental para a neuroplasticidade, capacidade do cérebro de se adaptar e estabelecer novas conexões, e a *serotonina,* que controla a liberação dos hormônios, regula o sono e o apetite, interfere no aprendizado e no humor e em estados de depressão e ansiedade.

A atividade aeróbica - de baixo impacto, mas continuada - aumenta a resistência cardiovascular e provoca a oxigenação dos tecidos, como natação, bicicleta ergométrica, ciclismo, dança de salão, esportes como vôlei, futebol, judô, elevando a frequência cardíaca, não se observando os mesmos efeitos em atividades que aumentam a força muscular.

Em Newhampshire, EUA, o cientista David Bucci detectou diferenças se a atividade começa na infância, na adolescência ou em idade adulta, chegando a determinar mudanças na formação e educação dos jovens americanos, fato incentivado pela cruzada desenvolvida pelo Dr. Joha Ratey, da Universidade de Harvard, criador de um programa de *fitness*, voltado para a memória e o aprendizado.

Portanto, se antes o aluno buscava esquivar-se das aulas de Educação Física, hoje, com novas motivações, ele a procura sem esforço. A tendência no Brasil é ampliar-se o tempo de permanência no estabelecimento escolar, com intervalo de almoço na própria escola, e prosseguimento com atividades complementares, como esportes, teatro, estudos de idioma, especializações profissionais, como informática.

30

Regressão a vidas passadas

Paralítico – É aquele que não consegue andar na direção daqueles que precisam de sua ajuda.

Mário Quintana

Registra-se que foi em Barcelona a primeira experiência de regressão a vidas passadas, no final do século 19, por José Maria Colavida. Outros se lhe seguiram, como Marata, e Bouvier. Depois em Paris, o coronel Alberto De Rochas, diretor da Escola Politécnica, reunidas na notável obra *Vidas sucessivas*, publicada em 1915.

Dentre os norte-americanos, contemporâneos, o que mais despertou a atenção foi o livro *Muitas vidas*, de Brian Weiss, tornado *best-seller*. E a obra *Além da vida*, de Morris Netherton.

Dentre nós, já falamos em outras obras, um pesquisador, nos anos 50, em Salvador, Bahia, Dr. Osvaldo Leal, sem qualquer cunho religioso, pois era católico, juntamente com um padre e um respeitável professor de Inglês (Edson Nunes da Silva), na parte superior da sua Farmácia, na Rua Barão de Cotegipe, realizaram experiências de regressão hipnótica.

Osvaldo era médico-legista, especialista em fobias e traumas, como medo de avião, de elevador, de fogo, de banho de mar. Portador de especialização em hipnotismo, realizado em Buenos Aires, submetia *sujets* à regressão hipnótica, gravando tudo em enormes fitas de rolo, somente décadas depois decodificadas e analisadas pelo autor deste livro, que as comentou, publicando-as, com intuito meramente científico, para demonstrar a volta ao útero materno e até mesmo a existências passadas, tudo comprovado mediante viagens investigativas que empreenderam, inclusive fora do Estado da Bahia.

Mas foi em São Paulo, com a Dra. Julia Prieto Peres, que a regressão a vidas passadas ganhou foros de terapia, chegando-se a fundar uma Sociedade Brasileira de Terapia de Vidas Passadas, havendo, até, mais de uma entidade, tal a coqueluche, já até com caráter comercial, restringindo suas práticas aos portadores de diploma de psicólogos e psiquiatras, excluindo a possibilidade de terapeutas religiosos.

Com efeito, mediante introspecção hipnótica, pessoas podem ser levadas a estados sonambúlicos e catalépticos, perigosos, se, por exemplo, forem acordados de modo brusco, sem uma técnica adequada de retorno.

A Divindade tratou de vedar-nos o conhecimento de existências passadas, pelos naturais traumas possíveis por que tenhamos passado, abrindo-se uma página nova, em branco, em nossas vidas.

Muitas vezes pessoas que nos rodeiam foram alarmantemente envolvidas conosco, em certos casos de forma cruel, carecendo-se de um reatamento, de uma reconciliação, menos traumática possível, pelos laços da consanguinidade.

Dessa forma não podemos ultrapassar as leis naturais, os desígnios do Alto, por mero diletantismo ou folguedo.

31

Irisina, o hormônio da vida

Diabético – é quem não consegue ser doce.
Mário Quintana

Cientistas da Universidade de Harvard, nos Estados Unidos, descobriram um hormônio fabricado durante a atividade física, com potencial para transformar aqueles depósitos esbranquiçados em poderosos agentes consumidores de energia do corpo humano.

Batizado de *irisina*, a substância viaja através da corrente sanguínea, do músculo que solicita, dado o esforço físico, até o tecido onde se concentra a adiposidade, requisitando a energia de que precisa, favorecendo a queima da caloria armazenada, como explica Jun Wu, bióloga e uma das autoras da pesquisa.

"Ainda que faltem estudos complementares – analisa William Festuccia, da Universidade de São Paulo, Instituto das Ciências Biomédicas –, é surpreendente como uma molécula secretada em face da atividade física é capaz de transformar unidades, que antes agregavam e guardavam triglicérides, em outras que produzem energia" (calor).

E esse potencial, da *irisina*, vai muito mais do que perda de peso, simplesmente. Ao controlar triglicérides, diminui a concentração de gorduras no sangue, consumindo-as por geração de calor (energia).

Também quanto ao diabetes, este é inimigo mortal do coração, assinala o fisiologista Festuccia, posto que, ao ser ativada a queima de gorduras, pela *irisina*, usa-se também a glicose acumulada, igualmente "queimada". Dessa forma, convocado o açúcar, a energia suplementar, regula-se o nível da glicemia.

Interessantes como soluções simples, como exercícios físicos, foram, por tanto tempo, aparentemente deixadas de lado sem dar-se muita importância, concentrados no consumo de drogas e medicamentos, exames e laudos.

Desta forma, pode-se dizer-se que, ao concentrar em uma pílula, a irisina, estaríamos criando o exercício físico em cápsula. O que não é verdade. A irisina não pode substituir outros benefícios nas atividades físicas regulares, ao menos três vezes por semana, por 30 a 40 minutos, de baixa intensidade. Aeróbicos, como o simples caminhar, ou Cooper.

32

ESPANTANDO O MAU HUMOR

Anão – é quem não sabe deixar o amor crescer.
Mário Quintana

Ao praticar, com intensidade, atividade física, como simples pedalar de uma bicicleta, ou andar numa esteira rolante, nós aceleramos os batimentos cardíacos, dissipamos calorias, botamos para fora as gorduras lipídicas, acumuladas principalmente no abdômen, carreadas pela corrente sanguínea, transformadas em energia calorífica, expelidas pelas glândulas excretoras, em forma de suor.

Para aliviar a fadiga, quando nos exercitamos intensamente, ocorre um aumento da produção de endorfinas, pela hipófise.

E é exatamente a endorfina, um neurotransmissor, que vai transmitir aos neurônios a agradável sensação de prazer, que muitas vezes nem percebemos conscientemente.

E, não é somente isso. Os níveis de estresse igualmente baixam, deixando a pessoa aliviada. Observem que os desportistas, em geral, são alegres e bem-humorados. Queimam calorias, mas, igualmente, ativam os neurônios, acelerando a neurotransmissão, com ajuda das endorfinas.

Temos, no mundo, cerca de 10% das populações com estresse, catalogados cerca de 250 tipos diferentes de suas síndromes, fenômeno típico do consumismo moderno, exasperado pelo desejo de ter, de possuir, bens que na maioria das vezes não são essenciais ao bom viver, à felicidade. Estabelecemos, dentro de nós, um regime de ausência de paz.

E, juntamente com a ansiedade, são elementos formadores da depressão, quando não atendidos ou satisfeitos os desejos.

Dessa forma, as atividades físicas, ao lado de uma avaliação sincera de nós mesmos, atendendo ao "conhece-te a ti mesmo", do filósofo Sócrates, proporcionam um bem-estar capaz de reduzir as gorduras, as adiposidades, melhorar o perfil e a autoimagem, a autoestima.

33

FREQUÊNCIA DE LUZ – TERAPIA QUÂNTICA

Miseráveis – São todos que não conseguem falar com Deus.

Mário Quintana

Pesquisadores da Física Quântica concluíram, ao analisar a emissão de luz violeta e da chama esmeralda, originária da constelação de Plêiades - com apoio nos estudos da Grande Fraternidade Branca -, que é possível um diagnóstico energético a partir dos *chakras* e plexos, considerando-se o biocampo magnético humano.

Verificando as causas, e não apenas os efeitos das doenças físicas, emocionais, mentais, psíquicas e espirituais, observaram que ativando verdadeiros canais de energias vitais, usando-se sistemas coerentes de harmonizações energéticas, das malhas biomagnéticas do corpo físico, responsável por variadas enfermidades, agudas e crônicas, seria possível chegar-se a uma transformação para melhor, contribuindo-se para sua cura.

A integração entre espírito e corpo, promovendo saúde holística tridimensional e ajuda na cocriação do Eu de cada um, processar-se-ia através do equilíbrio vibracional dos centros de energia, trabalhando-se 34 chacras e o realinhamento dos corpos energéticos - etéreo, emocional e mental - e a harmonização da malha biomagnética do corpo físico, que é responsável por várias doenças, agudas e crônicas, e mesmo degenerativas.

Os efeitos desse trabalho harmonizador, mais notórios, são:

A ativação, pela glândula Pineal, do *chakra* coronário e ativação do da zona cerebral intuitiva, mediante a conexão com o Eu Divino, Eu Superior. Ou corpo espiritual.

Pela harmonização da glândula Timo (*chakra* cardíaco), sistema imunológico é ativado, o que estimula o processo de autocura fisiológica ao nível da organização celular.

Como consequência da harmonização interna e multidimensional, despertar-se-ia para um novo estilo de vida que levaria a uma consciência e correção de hábitos menos saudáveis.

Os efeitos positivos seriam:

Estímulo e purificação das energias negativas.

Limpeza do campo áurico quanto à ansiedade, insônia, sono demasiado, depressão, estresse, pesadelos, enxaqueca, dores singulares ou crônicas.

Expansão da consciência, eliminando-se a presença de "intrusos" e energias inferiores.

Purificação e equilíbrio da mente.

34

Brasil, coração do mundo?

Se há um livro que você adoraria ler,
mas que não foi escrito ainda, escreva-o.
Dean Smith

Algumas vezes nos questionamos, intimamente, na juventude, do porquê de Humberto de Campos, em obra psicografada por Chico Xavier, referir-se ao Brasil como a pátria do Evangelho e coração do mundo.

Também nos vinha à mente a afirmativa do escritor Stefan Zweig, de que o Brasil seria "o país do futuro".

Afinal, estávamos no Terceiro Mundo. Os índices de analfabetismo eram altos. A mortalidade infantil elevada. A falta de educação e precariedade dos serviços de saúde e segurança atentava contra os foros de uma nação civilizada.

Agora despontamos como um grande fornecedor de alimentos para o mundo. Abrigamos uma nação sem brigas religiosas étnicas, respeitamos as minorias, admitimos as idiossincrasias humanas. Já nos sentamos à mesa com as 20 maiores potências mundiais. O nosso PIB ultrapassou o de países como Reino Unido.

Na base de tudo está a formação da nossa nacionalidade. Erigimos uma sociedade igualitária, solidária, geneticamente eclética, miscigenada, ideologicamente participativa, política e socialmente tolerante.

Aqui o nosso povo, a nossa gente, foi moldada para assumir um papel relevante no concerto das nações.

Da mesma forma que a cana-de-açúcar, provinda de Caiena, Guiana Francesa, aqui aportou e se desenvolveu - oferecendo, hoje, ao mundo o etanol, como combustível renovável -, de igual maneira o Criador cumulou-nos com uma doutrina cristã, inicialmente católica; depois, a expansão das seitas protestantes e, mais recentemente, permitiu que aqui se implantasse a Terceira Revelação, que é o Evangelho de Jesus resgatado na sua pureza: a doutrina espírita.

O Sermão do Monte é um hino de louvor à harmonia do ser, individualmente, e dos povos, coletivamente falando-se. As bem-aventuranças são remédios eternos caídos em nossas almas, capazes de pacificar os anseios mais profundos de paz.

Por isso, bem adequada é a expressão: "Brasil, Coração do Mundo, Pátria do Evangelho".

35

John Powell

> O fracasso é apenas outra forma de se aprender
> como fazer algo certo.
> **Marian Edelman**

Naquele primeiro dia de aula, o professor de Teologia da Fé, John Powell, S.J., teve sua atenção despertada para um jovem de cabelos loiros, longos, diferente de todos os demais, numa época em que os bons estabelecimentos escolares, dirigidos por entidades religiosas, possuíam disciplina rígida.

Perguntado o seu nome, respondeu:

- Tom.

Tommy, como afetuosamente o chamava o professor, por todo o ano letivo revelou-se questionador, negando, peremptoriamente, a existência de Deus.

No último dia de classe, o professor Powell, ao despedir-se de cada um individualmente, fez a Tom a seguinte pergunta:

- O senhor acredita ser possível encontrar Deus algum dia?

- Não acredito — respondeu-lhe o jovem.

- Eu também não. — Completou o professor de Teologia.

— Ah! Eu pensei que era esse o produto que o senhor esteve tentando nos vender nos últimos meses.

E antes que ele se afastasse muito, o mestre falou-lhe em voz alta:

- Não acredito que você consiga encontrar Deus. Mas tenho absoluta certeza de que Ele o encontrará.

Tempos depois o professor soube que o rapaz havia se

diplomado, mas, aos 24 anos de idade apenas, adquirira um câncer nos dois pulmões. E antes que saísse à sua procura, o jovem veio ver o antigo mestre, no colégio. Mais magro, pálido, físico consumido pela quimioterapia, mas a mesma voz firme de como costumava interpelar seu professor, com seu ateísmo adolescente.

- Tenho pensado muito em você.

- Eu também tenho pensado no senhor - disse o jovem. - Estou com câncer nos dois pulmões e tenho poucas semanas de vida.

- Você conseguiria falar desse assunto sem machucar-se?

- Naturalmente, meu mestre.

- Como se sente agora, sabendo que aos 24 anos está morrendo?

- O senhor nos ensinou que é muito difícil amar. Resolvi começar por meu pai. Enquanto ele lia o jornal, como fazia todas as noites ao chegar do trabalho, aproximei-me e disse: "Preciso falar-lhe"... Ele baixou o jornal até a altura do nariz, logo abaixo dos óculos, segredando: "O que é?" Gostaria de dizer-lhe, pai, que te amo muito. Então meu pai abraçou-me, longamente, chorou e ficamos por toda a noite conversando, mesmo ele sabendo que teria de trabalhar ao amanhecer. Aí eu vi naquele gesto, professor, que Ele me encontrou. Deus me encontrou.

Perguntou a Tommy se ele seria capaz de dizer algumas palavras sobre isso à turma da escola. E ele respondeu que não só à turma, mas a tantas outras pessoas. Mas, temendo agravar-se a sua situação, confidenciou:

- É possível que não possa vir. Mas queria que o senhor me prometesse dizer tudo isso a todo mundo. Não diga a Deus que você tem um grande problema. Diga ao problema que você tem um grande Deus.

E comentou, citando o apóstolo João: "Aquele que vive com Deus, é Deus que vive com ele".

Pediu que ele viesse falar com seus alunos de Teologia, sobre seu achado. Ele aceitou, mas no dia combinado não compareceu. Fora a outro Encontro mais importante. Mas antes avisara que não tinha condições de vir, mas pediu ao professor que dissesse tudo a todos. E também a todo mundo.

36

O CÃO FIEL DE MOZART

Quem se aflige antes do tempo
se aflige mais que o necessário.
Sêneca

Wolfgang Amadeus Mozart nasceu em Salzburg, na Áustria, em 1756 e, já aos 7 anos de idade, empolgava a todos pelas belas execuções ao piano.

Não sabia administrar bem o seu dinheiro, dissipando os bens facilmente. Por essa razão separou-se cedo da sua esposa Constance Weber, que se mudou para Paris.

Abandonado, enfermou-se. Empobrecido, começou a vender suas composições para adquirir remédios para sua mãe, muito doente também.

Desencarnou, sendo enterrado como indigente, em uma cova rasa, em um cemitério de Viena, sem ao menos uma placa de identificação.

A ex-esposa quando soube disso, compadeceu-se e foi à capital austríaca, revolvendo todos os cantos do cemitério, no sentido de identificar o lugar onde Mozart fora sepultado. Até que encontrou, no chão raso, um pequeno cão, enregelado, que logo identificou como de Mozart. O fiel animal permanecera junto ao dono, como gesto de amor, o que ajudou a encontrar a sua tumba.

Erigiu-se, então, um mausoléu para Mozart e seu cão de estimação, hoje uma referência no cemitério, onde repousam os restos mortais de um dos maiores compositores do mundo.

37

A FORÇA DA FÉ

Os que tomam, perdem.
Os que dão, ganham.
Douglas M. Lawson

O Dr. Harold Koenig, psiquiatra e professor da Universidade de Duke, na Carolina do Norte, EUA, autor de mais de 40 livros e mais de 300 artigos em revistas especializadas, afirma que as práticas religiosas aumentam em mais de 35% as chances de uma sobrevida.

E aponta três fatores que influenciam a saúde de quem pratica uma religião: o significado que essas pessoas emprestam à vida, o apoio social dos confrades que acreditam nas mesmas crenças, e, finalmente, a adoção de saudáveis hábitos de vida, por essas pessoas, como não fazer uso de fumo e álcool, a não adoção de comportamento sexual de risco. Assinala que a vida para essas pessoas passa a ter mais sentido. Mas, adverte, é preciso que estejam comprometidas com esses princípios, com a fé religiosa. É preciso engajar-se.

Menciona que fatores que levam os indivíduos, em geral, ao estresse, relacionados com hipertensão e acidente vascular cerebral, tem nos religiosos uma reação mais preventiva e saudável. Normalmente o estresse influencia o sistema imunológico, endócrino e cardiovascular. Mesmo os enfartados, quando religiosos, têm menos complicações pós-cirúrgicas.

Mas, esclarece, a religiosidade pode agravar as tensões, quando assume caráter mais punitivo, sentimentos de culpa, com um Deus vingativo, ao contrário de uma divindade misericordiosa e amorosa, que alivia e consola.

Pacientes que lidam com perdas de entes queridos, posição social e emprego, tendem, quando religiosos, a agir de modo mais resignado e conformado. Veem os exemplos de Jesus torturado, Maomé ante os momentos difíceis da sua infância, a paciência de Jó, com a perda dos seus bens. Religiosos toleram mais o processo da desencarnação.

Mais do que a confiança do religioso, a certeza estabelecida na fé raciocinada, o conhecimento da vida após a vida, as demonstrações, hoje científicas, da comunicação com entes queridos, em Experiências de Quase-Morte (Near-Death Experiences), com Elisabeth Kübler-Ross e Edith Fiore, e a recordação de vidas passadas (Ian Stevenson e Mohandas Banerjee).

38

VALOR DA PRECE

Se te empenhas em agradar a todos,
não agradas a ninguém.
Graf

O Dr. Jeff Levin, professor do National Institute for Healthcare Research, autor do livro *Deus, fé e saúde*, promoveu um teste com voluntários, que receberam, sem o saber, enquanto internados em UTI, por 28 dias, preces em favor da sua cura. Os resultados foram espantosos, em comparação com outros pacientes que em iguais condições não foram objeto das preces.

Estudos publicados na prestigiosa revista médica *Psychiatry Research* afirmam que, se uma pessoa orar por 30 minutos, durante cerca de oito semanas, terá aumentada, observado por controle de imagem, a densidade da massa cerebral no ponto responsável pela memória e o estresse; terá reduzido os níveis de cortisona, um aumento do fluxo sanguíneo, para as células, permitindo níveis mais profundos de relaxamento e de bem-estar, responsáveis pela baixa da pressão arterial. Terá, ainda, reduzido a ansiedade e o estresse.

Em oração, interagimos com nosso eu profundo, permitindo que energias renovadas de alta intensidade fluam através dos *chakras* e plexos, inundando os campos de força que irão atuar em todo o perispírito, campo modelador das formas, portanto, com repercussão no corpo físico.

Cientistas russos, como P. Garjaiev, e alemães, como Franz

Burdoff, já mencionaram mudanças até mesmo nas formas helicoidais das moléculas de DNA, que presidem a destinação das doenças, pelos desequilíbrios que apresentam.

Orar fervorosamente, nem sempre para pedir, mas para agradecer, é poderoso antídoto contra as enfermidades várias que acometem os seres humanos.

39

Depressão: causas e soluções

Nada provoca mais alarde do que
o excesso de precauções.
Autor desconhecido

Segundo a Organização Mundial da Saúde, 350 milhões de pessoas sofrem de depressão. O órgão especializado das Nações Unidas aconselha os governos a desenvolver medidas para prevenir essas ocorrências, ministrando tratamentos para esses transtornos.

Distonia que atinge 5% das pessoas que vivem em comunidades, a depressão é definida como transtorno mental comum, caracterizado por tristeza, perda de interesse, ausência de prazer, oscilações entre sentimentos de culpa e baixa autoestima, além de distúrbios do sono ou do apetite. Também decorre sensação de cansaço e falta de concentração.

Quase sempre deixamos que a fase aguda se exteriorize. Ou que expressões externas se manifestem, para tentar corrigir, em muitos casos através de cômodos comprimidos. Só nos Estados Unidos, de 2003 a 2009, o consumo das pílulas controladas pulou de 6 bilhões para 10 bilhões de dólares o custo total. E a sequela é enorme. Não percebemos o valor do preventivo, que é bem mais barato e mais confortável.

Com sede principal na baixa autoestima, precisamos desenvolver mecanismos que elevem esse humor, buscando pessoas ou atividades que o incrementem, como o exercício da solidariedade, da maior participação social, do encontro de amigos, do convívio social familiar mais extenso.

Da mesma forma, adotando uma conduta correta do ponto de vista da sua personalidade, seu caráter, aprimorando o autocontrole, centrado, principalmente, nas normas religiosas, morais e sociais, para que não reste sentimento de culpa. Atuando a consciência crítica sobre si mesmo, evitando que vá dormir com um "peso na cabeça".

Aliar o trabalho ao lazer. Buscar nas coisas simples, como regar um jardim, exercitar jogos domésticos, como pingue-pongue, jogo de damas, cartas de baralho ou dominó, por exemplo. Interagir com outras pessoas. A internet é um excelente antídoto, colocando-o "no meio do mundo". O sentimento de "identificação com o rebanho".

40

ALZHEIMER – A BUSCA DA CURA

A crítica de arte é fácil.
A arte da crítica é que é difícil.
Luiz Henriques

Envelhecimento precoce, esclerose múltipla, esquecimentos são acontecimentos indesejáveis, que acometem o homem (e a mulher) na idade provecta, diremos, até, no comecinho da melhor idade.

Cientistas da Universidade Federal do Rio Grande do Norte, em colaboração com pesquisadores da Universidade de Uppsala, da Suécia, descobriram o funcionamento de mecanismo da memória que pode ajudar na elaboração de medicamentos para a cura do mal de Alzheimer e da esquizofrenia, entre outras doenças.

Segundo os cientistas, o cérebro se utiliza somente de um mesmo mecanismo para gravar e lembrar memórias, alternando entre uma função e outra, em fração de segundos. Nas pesquisas, os cientistas descobriram que as células responsáveis pela memória são sensíveis à nicotina, pelo que tentarão desenvolver uma substância, sem os malefícios da nicotina, que, introduzida, melhorem essa comunicação de entrada (*input*) e saída (*output*).

O próprio organismo, como nós vimos em outros capítulos, pode desenvolver substâncias que regulem, supram e até estimulem essa comunicação neurotransmissora, como é o caso dos exercícios ou atividades físicas regulares. Mormente as prazerosas. Igualmente, atividades mentais que estimulem essa neurotransmissão, como jogos, palavras-cruzadas, telefonemas, produzem estímulos renovados.

Numa pesquisa profissional em Londres, descobriu-se que entre taxistas há menor incidência, dentre as categorias profissionais analisadas. O usuário, ao anunciar o endereço de destino, obriga o cérebro do motorista a uma varredura mental, à procura de arquivos que são rebuscados da intimidade celular, obrigando-se a um cruzamento de dados que resulta na tomada da decisão de escolher esse ou aquele itinerário. É como fomentar-se a extensão ou alargamento da zona neuronal, em vez de adormecê-la com a inatividade.

41

NA CASCA

O sorriso é a forma mais barata de melhorar sua aparência.
Não é responsável pela cara que tens, mas sim pela que expões.
William Shakeaspeare

Muitos dos alimentos consumidos diariamente contêm na sua casca elementos nutritivos de grande valia, que são, na maioria das vezes, descartados.

Assim, a casca das frutas, a superfície de raízes e tubérculos, ricas em vitaminas e fibras, podem ter, segundo a nutricionista Maria Penha Ferrer, do Ministério da Saúde, 40 vezes mais cálcio, como na casca da laranja, do que na polpa. Ou o dobro de vitamina C, como na maçã ou na mexerica.

A casca do abacaxi tem 38% mais vitamina C do que a sua polpa. Muitas pessoas separam essa casca, colocam-na de infusão, produzindo delicioso suco. Outras guardam as raspas de batatas e de cenoura, por exemplo, em sacos plásticos, conservados no freezer, fazendo suculento sopão para pequenos animais, como cães e gatos.

A nutricionista ensina, ainda, que os talos e sementes podem muito bem ser aproveitados, picados ou triturados, à exceção aos da mandioca, posto que tóxicos, que é consumida, como farinha, depois de ser raspada, triturada, espremida, secada. O líquido não deve ser consumido, nem por pequenos animais, como galinhas.

Expostas ao sol, as cascas de talos e sementes de mandioca podem ter evaporadas as toxinas. A entrecasca pode ser aproveitada em forma de geleias e compotas. Folhas de cenoura e beterraba cruas caem bem como saladas. As folhas de batata-doce, couve-flor, abóbora, mostarda e rabanete podem ser refogadas.

Ou, como diria Lavoisier, em a Natureza nada se perde; tudo se transforma.

42

Casamento e liberdade

O amor que nasce subitamente e sem explicação alguma
é o mais difícil de extinguir.
La Bruère

Dois jovens adolescentes, da tribo Sioux, nos Estados Unidos, desejando casar-se, procuraram o pajé, para consultar-se e pedir orientação para a felicidade que desejavam com a união buscada.

O ancião pediu-lhes, inicialmente, que fossem à montanha mais próxima, subindo, cada um deles, por encosta diferente, até atingir o ápice, e, em lá chegando, com auxílio de uma rede, capturassem, vivo, um exemplar da famosa águia gigante que tem ali seu *habitat*, uma de cada sexo.

Após alguns dias, o casal voltou ao consultor religioso da tribo, o qual, verificando as águias, pediu-lhes que as retirasse do saco, amarrassem-nas com uma pequena corda, por uma das pernas, e as soltassem.

Vendo-se libertas, as águias intentaram voar, mas não conseguiram, por estarem amarradas uma a outra, pelas pernas, dificultando-lhes alçarem voo.

Depois de debaterem-se, por alguns minutos, até se cansarem, demonstrando alterações no humor, as águias tornaram-se agressivas e começaram a bicar-se, como se desejassem afastar-se uma da outra.

Assim são os seres humanos, quando se casam - comentou o líder religioso da tribo Sioux. Ao se sentirem aferrados, um ao outro, sem liberdade, acabam por se indisporem, entre si mesmos, a se maltratar e agredir.

Cada pessoa é um mundo. A afeição mútua não significa abrir mão dos seus princípios, embora a renúncia parcial, bilateral contribua para a boa harmonia. As diferenças individuais devem ser observadas e respeitadas, para um bom convívio do casal.

Cada qual com sua idiossincrasia, suas diferenças, notadamente hormonal ou sexual.

Aqui, como em outras atividades, a semeadura é livre, mas a colheita é obrigatória.

Se desejarmos, a todo custo, reformar o outro, haveremos de criar condições indesejáveis de convivência. Abrir mão, um e outro, um pouco, dos seus hábitos pessoais, em favor da harmonia do casal, é salutar. Mas impor, nunca.

43

Venenos brancos

A felicidade é um caminho, não uma reta.
Desfrute a viagem.
Victor Hugo

São três os chamados "venenos brancos".

Ao lado do açúcar refinado, que é um dos principais fatores do diabetes, e da farinha de trigo, usada nos bolos e pães, o sódio, encontrado no sal de cozinha, é o principal fator da pressão alta, hipertensão que atinge 23% do povo brasileiro.

O sódio se apresenta de forma dissimulada em muitos dos alimentos e condimentos. Sua necessidade básica orgânica não deve passar dos 2,4 gramas diários, segundo o Dr. Manoel Barros, do Instituto Nacional de Cardiologia.

Dessa forma, se além do sal contido normalmente nas refeições para lhe dar sabor, você adiciona condimentos salgados, estará ultrapassando esse limite, com danos a médio e longo prazo nas artérias e ao sistema circulatório.

O sódio contido de forma não visível nos alimentos industrializados, como temperos, caldos, enlatados e defumados, para melhor conservá-los, incrementa em muito esse limite, favorecendo o surgimento de uma nova classe de hipertensos, obesos e pessoas com sobrepeso, inclusive precocemente, manifestando-se também em crianças.

Dois gramas de sódio, encontrados em cinco gramas de sal de cozinha, é o limite, de acordo com a Organização Mundial da Saúde. Entretanto, o IBGE afirma que consumimos regularmente 12 gramas por dia, em média.

A primeira-dama dos Estados Unidos, a senhora Obama, baniu os lanchinhos condimentados nas escolas fundamentais públicas (*High School*). E chegou a encenar uma corrida com um *personal trainer*, atleta, nas escadarias da Casa Branca, para chamar a atenção dos pais sobre esse magno problema.

Eis algumas dicas para reduzir a presença do sódio na sua alimentação:

Retire o saleiro da mesa, desestimulando o uso.

Verifique os rótulos e a quantidade de sódio presente no que consome.

Barrinha de cereal não é igual fruta. A barrinha contém sódio.

Melhor comer peixe assado. E, se em restaurante japonês, prefira o *shoyo light*.

Evite conservas, enlatados e defumados. As famosas entradas, como queijinhos, cebolinhas, azeitonas.

Observe o consumo de alimentos chamados *diets* e *lights*, como refrigerantes. Trazem outros conservantes prejudiciais, estabilizantes, aromatizantes, adoçantes.

Troque os caldos artificiais por temperos naturais. Use vegetais frescos. Prepare você mesmo. Adquira e renove mais rapidamente, comprados na mercearia da esquina. Use menos conservas.

Evite sopas prontas, inclusive papinhas para bebês.

Prefira frutas naturais a biscoitos ou industrializados.

44

Europa se abre ao além da vida

O êxito se detém quando tudo para.
Autor desconhecido

O psicólogo e cientista irlandês Erlendur Haraldsson, em seu livro *The departed among the living – an investigative study of afterlife encounters*, editora White Crow Books, afirma que no final do século XX, dentre 1.479 pessoas pesquisadas, 31% delas, nos Estados Unidos, relataram ter tido algum contato com os chamados mortos. E, na Europa, chegou-se a 25%.

O cardiologista Pin Van Lommel, comentando o livro, ainda não editado no Brasil, diz que o seu autor, estudioso por vários anos sobre as visões de pessoas no leito de morte e pesquisador de lembranças espontâneas de existências passadas, entrega-nos, nessa obra, um documentário importante e convincente a respeito do encontro com parentes e pessoas próximas ao falecido, referindo-se à probabilidade de continuidade da consciência após a morte física.

Michael Tymm, vice-presidente da Academia de Estudos de Espiritualidade e Paranormalidade da Pennsylvânia (EUA), afirma por sua vez que os céticos vão se referir às histórias coletadas por Haraldsson, tidas como hilárias ou produto da pura imaginação, e serão consideradas, pelas mentes mais amadurecidas, como evidência reiterada dos encontros de pessoas com outrem, além da vida.

Aliás, desde 1880, pesquisadores e fundadores do Society for Psychical Research (SPR), da Grã-Bretanha, decidiram aprofundar pesquisas dessas narrativas formuladas junto a pessoas consideradas normais e sãs. Igualmente nos Estados Unidos, na década de 1970 e em alguns outros países europeus.

Essas experiências registradas foram observadas a partir de sensibilidades auditivas (28%), visuais (67%), sensoriais (13%), olfativas (5%) e intuitivas (11%).

A metodologia adotada por Allan Kardec, por repetitiva e com médiuns ou *sujets* diversos, em locais diferentes, respondendo da mesma forma às mesmas perguntas, reveste-se de cunho científico, naturalmente. Hoje a ciência pura, ou tradicional, por Edith Fiore e Elisabeth Kübler-Ross, em Experiências de Quase-Morte (Near-Death Experiences), ou as recordações de existências passadas, por Ian Stevenson (*20 casos sugestivos de reencarnação*) e Mohandas Banerjee, na Índia, recordando existências passadas, produzem provas da vida após a morte.

São levadas ao mundo científico, com a chancela e carimbo de autoridades insuspeitas, sem sectarismos ou ideias preconcebidas, as provas da imortalidade da alma; conquanto cientistas do passado hajam sido levados às fogueiras da Inquisição, como Giordano Bruno.

45

Maturidade política

Terás exatamente o que puderes aguentar.
Autor desconhecido

Diante da Assembleia Geral dos Chefes de Estado do Cone Sul, o presidente do Uruguai, José Mujica, pronunciou importante discurso, de apenas 10 minutos, prendendo a atenção dos presentes e despertando os sentimentos dos estadistas para o magno problema do consumismo e da felicidade humana.

Citando o sábio grego Epicuro, o notável pensador Sêneca e o filósofo Aymaras, o presidente do país vizinho afirmou que "pobre não é o que pouco tem, mas sim o que necessita muito, infinitamente mais".

Discorreu que somos capazes de produzir bens de consumo muito mais duráveis, como uma lâmpada, por exemplo, mas que são fabricadas com curto prazo de duração, justamente para manter o consumo em alta, assegurar a produção e o comércio, molas que elegemos como fator representativo do desenvolvimento humano. Isso, segundo Mujica, constitui uma falácia, posto que o verdadeiramente durável é a felicidade do povo, que pode ser buscada e encontrada de outra forma.

Ressaltou que é presidente de um país pequeno, com apenas 8 milhões de habitantes, mas que, entretanto, tem um rebanho bovino de 13 milhões de cabeças, da melhor qualidade, além de um volumoso rebanho de ovinos, de igual qualidade, exportando carnes e alimentos para o mundo.

Concluiu afirmando que a solução do problema da produção desenfreada, ditada pelo mercado, não é de ordem ecológica, mas política, ao elegermos o modelo de felicidade, que não deve cingir-se apenas ao consumo.

46

A QUÍMICA DO ORGANISMO

O amor é o princípio de tudo,
a razão de tudo, o fim de tudo.
Lacordaire

Os cientistas norte-americanos Robert Lefwowitz e Brian Kobilka, da Universidade de Duke, na Carolina do Norte, e Stanford, na Califórnia, nos Estados Unidos, foram contemplados com o cobiçado Prêmio Nobel de Química, por haverem decifrado como o corpo humano reage a estímulos externos e internos.

Os pesquisadores analisaram o que chamam receptores de proteína G, presentes na maioria das células, que são ativados por hormônios, drogas, e até mesmo sinais olfativos e visuais.

Percebidos por esses estímulos externos, ou mesmo internos, uma eventual circunstância de perigo iminente, o corpo libera, imediatamente, certa quantidade de adrenalina, na corrente circulatória, que trafega pelo corpo em velocidade incrível, desencadeando uma reação dentro da célula, determinando modificações comportamentais, como batimentos cardíacos acelerados, expansão dos brônquios, favorecendo a respiração e oxigenação mais rápida dos tecidos, obtendo-se uma visão mais atenta, uma audição mais acurada, um tônus muscular mais fortalecido. Enfim, esses receptores otimizam funções corporais, para atender a um esforço urgentemente exigido.

Com efeito, o corpo humano é uma grande usina fabricante de hormônios, conjugados a centrais que obedecem a um sistema, límbico, cerebral, coordenador, em interação com a mente. Estas, por sua vez, podem interagir e alterar esses comandos, provocando, por exemplo, maior resistência à dor, ao sono, alterando a leitura e comandos derivados.

Pesquisadores da Universidade de Illinois, EUA, num estudo envolvendo 989 mulheres, concluíram que há uma relação direta entre o alto nível de estresse e as doenças crônicas, como o câncer. Ansiedade, medo, isolamento contribuiriam para a possível eclosão dessas patologias.

No Brasil, 18% sofrem de depressão, segundo a OMS. Em países ricos há mais deprimidos (14,6%) do que em países de baixa renda (11,1%).

A mente comanda o corpo.

47

Novelas e emoções

O amor poucas vezes morre de fome,
mas repetidas vezes de indigestão.
La Rochefoucauld

Tal qual nos filmes dramalhões mexicanos, cheios de melodramas e lágrimas, os produtores de novelas, no Brasil, descobriram um novo vilão, para prender a atenção dos telespectadores, por vários meses, e reter os índices de audiência, que resultam na maior captação de patrocínios comerciais que sustentam a produtividade e lucros.

Recentemente o Brasil inteiro teve suas vistas voltadas para o *grand finale* da novela "Avenida Brasil", cuja atriz principal, encarnando o personagem Carminha, acabou dando nome ao romance novelesco, chegando a imaginar-se um grande apagão elétrico, pelo alto consumo de aparelhos de televisão conectados, o que acabou ocorrendo na Capital Federal, mercê da infraestrutura do sistema operar no nível máximo da sua capacidade instalada.

É que o sucesso dos empreendimentos noveleiros se atribui ao fato de concentrar a atenção dos telespectadores em um personagem de caráter mau, perverso, despertando ódios e paixões de crianças, adultos e idosos, num enredo que cuida de distribuir os participantes entre os artistas, pessoas dessas faixas etárias.

Felizmente acabamos finalizando com um exemplo, como vemos nos filmes policiais produzidos nos Estados Unidos, de prisão dos culpados, punição de bandidos, demonstrando que o crime não compensa. A sociedade assistente se envolve emocionalmente, chegando-se até mesmo a elaborar mais de um final, para atender a esse ou aquele maior reclamo. De certa forma retrata o pensamento médio vigente.

Todavia, pelo horário chamado nobre, são exibidas cenas pouco recomendáveis para menores, com certa complacência dos órgãos responsáveis do Ministério da Justiça, sem que isso represente censura alguma. Apenas zelo, pela educação das nossas crianças.

E, afinal de contas, também contribui para a banalização da vida, exposta, como no dia a dia dos noticiários da televisão, sem uma resposta pronta e adequada do aparelho policial, na defesa de um bem de valor inestimável e incomensurável.

48

Brinquedos e armas

Não é o tempo, mas o amor o que cura as feridas.

Pérez Galdez

Nos anos 30, as fábricas de brinquedos franqueavam armas, de todos os tamanhos e calibres, cores e materiais, parecidíssimos aos artefatos bélicos reais, a ponto de meliantes os adquirirem para praticar assaltos de rua.

Nos anos 50, após a Segunda Grande Guerra, vieram as cópias de jipes e tanques de guerra, também muito parecidos com os originais, colocando, na prática, a criança em contato com o que viam nas imagens dos famosos filmes de guerra.

Nos anos 80, o boneco Falcon, simulando o herói da sétima arte - com suas armas, carros e aviões -, transformou-se no sonho de consumo da garotada.

Nos anos 90, os *games* de tiro permitiam ao operador infantil sentir as vibrações produzidas pelo sistema de ejeção ou arremesso dos projéteis, como se fora um tiro real. Aprendia-se, assim, a carregar, apontar e... Fogo!

Nos anos 2000, entretenimentos com fundamento na atividade bélica ensinam as crianças a manusear armas, a partir de sofisticados *joysticks*, instalados até mesmo em casas de shows, e estabelecimentos destinados às comemorações de aniversários de crianças, observando-se que muitos pais chegam a suspender as crianças menores, para alcançar os monitores. A vida é banalizada, com o despejar de bombas sobre as cabeças de bonecos feitos humanos, nos labirintos das edificações virtuais.

Assim educadas, as crianças crescem em um mundo virtual de maldades mórbidas, aprendendo, sub-repticiamente, que ganha quem matar o outro.

Semeando desse jeito, nos queixamos, depois, de que temos ou vivemos uma sociedade agressiva e violenta.

Colhemos o que plantamos.

49

Anticorpos e aids

As oportunidades nunca são perdidas.
Alguém vai aproveitar as que você perdeu.
Shak

O cientista brasileiro Michel Nussenzweig, da Universidade Rockefeller, de Nova York, liderando uma equipe de pesquisadores que trabalham uma solução imunológica para controle do HIV, conseguiu um notável feito, notícia em todo o mundo, publicada pela famosa revista médica *Nature*.

Tomando de células de camundongos de laboratório, que não são infectados pelo vírus da aids, geneticamente modificados, cujo sangue possui características semelhantes aos dos humanos, foram clonados anticorpos existentes e injetados em outros camundongos, conseguindo-se, assim, reduzir a infecção por HIV. E, a partir daí, os cientistas vão tentar desenvolver uma vacina que cria a imunização e do que dependem de verbas milionárias, já que um teste sai por aproximadamente US$ 5 milhões.

A sofisticada técnica, que já vem sendo adotada para determinados tipos de câncer e doenças autoimunes, tem por base as proteínas desenvolvidas por Nussenzweig, os anticorpos monoclonais, diferentemente de outras pesquisas que antes falharam. A vantagem, ante as anteriores, é que os anticorpos são naturais e são capazes de neutralizar muitas variedades de vírus.

O vírus da aids teve uma queda fantástica, no Brasil, após

intensa campanha pelo uso dos preservativos de látex, as camisinhas, inclusive reduzindo, também, a natalidade não programada ou indesejável. Os níveis de fecundidade, no país caíram para 1,9 - um dos mais baixos dos últimos tempos.

Países, como o Japão, já apresentam um crescimento vegetativo da população negativo, isto é, morre mais gente do que nasce. Muitas cidades da Europa mantêm estável o crescimento populacional, o que influi, grandemente, no planejamento urbano. A população do globo, de encarnados e desencarnados, é de 24 bilhões de almas, segundo mensagens colhidas. E já alcançamos a cota dos 7 bilhões de habitantes. A tendência é estabilizar.

A Lei de Malthus, que indicava um caos, a partir do crescimento geométrico das populações, muito superior ao dos alimentos, que cresce numa progressão aritmética, não se confirmou, visto que a engenharia agropecuária superou em muito os limites da produção, do que o Brasil, particularmente, graças à sua Embrapa, vem transferindo tecnologias para todo o mundo, especialmente a África.

50

Mulheres estressadas

Aprendi que um sorriso é a maneira mais barata
de melhorar sua aparência.
Shak

O nosso país ostenta o quarto lugar no rol de mulheres estressadas, numa pesquisa divulgada envolvendo 21 nações. Perdemos para a Índia, o México e a Rússia, encontrando-nos à frente de economias estabilizadas, como Estados Unidos, França, Reino Unido, Alemanha e Canadá.

Uma das causas apontadas é a tendência às reclamações, que acometem 70% das mulheres submetidas à pesquisa. O teólogo e escritor Rubem Alves, também pedagogo, em seu livro *Variações do poder*, lembra-nos que é necessário voltar um pouco a sermos criança. Aos folguedos, que acalmam o espírito. Reaprender a brincar. Fazer o de que se gosta. Jesus utilizou dessa figura - a criança - referindo-se à sua pureza e graça. Em geral ficamos austeros demais, sisudos, casmurros.

Basta que entremos num fórum, para encontrar magistrados, promotores, advogados, defensores públicos e procuradores com pesadas roupas pretas, sapatos e gravata escura, como se rosto fechado ou cara feia pusessem mesa.

O professor Mário Cortella, filósofo da Pontifícia Universidade Católica (PUC-São Paulo), diz que é preciso não deixar que os percalços da vida esvaziem as delícias da caminhada. É preciso focar o problema com naturalidade. Examiná-lo, buscar saídas. Lembrar-se que "tudo passa". Quando rememoramos assuntos no passado, que à época nos preocupava enormemente, vemos que o mesmo não era tão sério assim. No primeiro momento, parece terrível. Mas, consultando o travesseiro, ou dando tempo ao tempo, ele ameniza. Fica nas proporções naturais.

Kalil Gibran, o filósofo, ensina-nos que não devemos pedir a Deus que nos dê carga mais leve, mas costas mais largas, para suportá-las. A ansiedade reiterada e continuada pode gerar estresses. E são conhecidas mais de 250 formas de estresse. Este, continuado, pode tomar a forma de depressão, tristeza, entrega ao desânimo.

O pior é que, uma vez instalado, fica mais difícil erradicar o estresse. Melhor seria reconhecer a tendência, em nós mesmos, na nossa individualidade, adotando o que diz o oráculo de Delfos, na Grécia: "Conhece-te a ti mesmo".

Ou seja: é preciso identificar os fatos que geram estresse em nossas vidas e trabalhar a mente para que, em atitude preventiva, não deixar que eles, os fatores de risco, se aproximem muito. Quando notar que está se encafifando, compulsivamente remoendo, saia correndo, fuja dele.

Sim. Adote outra postura. Pare onde está, e tome outro caminho. Guarde o problema para mais tarde ou outro dia. Saia para divertir-se, tire umas férias, vá fazer outra coisa. Seja como as águas límpidas de um riacho simples, que, ao encontrar uma pedra, desborda-a, ainda que isso aumente o próprio percurso. Veja a coisa de modo diferente. Com empatia, examine o outro lado. Lembre-se que não há bem que sempre dure, nem mal que nunca se acabe.

51

SONO E DEPRESSÃO

Quando você planeja se nivelar com alguém, apenas está permitindo que essa pessoa continue a magoar você.

Shak

Passamos um terço de nossas vidas dormindo. Esse remédio obrigatório, descanso salutar, tem um efeito reparador inimaginável.

Noites mal-dormidas encurtam a vida, tornam o dia desagradável, dão ensejo a enxaquecas. Não apreendemos bem as lições, não raciocinamos corretamente.

Os primeiros sinais, quando não dormimos bem, estão no acréscimo de cortisol, na corrente sanguínea, que dentre outras coisas deflagra a ansiedade. Muito comuns nos pacientes com depressão. Há uma estreita ligação entre insônia e depressão, como adverte a bióloga Yara Fleury, do Ambulatório de Neuro-Sono da Universidade Federal de São Paulo.

Entre os chamados neurotransmissores mais afetados pela ausência ou insuficiência de sono, destaca-se a serotonina, ligada ao bem-estar, decorrendo irritações e até mesmo sensações dolorosas.

O mal de Alzheimer está também intimamente relacionado com o mal dormir, como assinala a Escola de Medicina da Universidade de Washington. Ratos submetidos a menos horas de sono desenvolvem no cérebro as terríveis proteínas beta-amiloides.

De acordo com pesquisas da Universidade de Berkeley,

da Califórnia, pessoas privadas de um bom sono reparador modificam as preferências alimentares, direcionando-se às guloseimas.

A tomada de decisões fica afetada, diz a neurologista Rosa Hasan, do Departamento do Sono da Academia Brasileira de Neurologia. A direção de veículos automotores fica bastante comprometida. Estudar até tarde não resulta em maior aproveitamento, segundo estudos da Universidade da Califórnia. Preferível acordar mais cedo e estudar de cabeça fresca.

A fase mais interessante do sono é a chamada REM (*Rapid Eyes Movement*), quando denotamos recuperação das tarefas mal-realizadas, retomada de decisões, conforme pesquisa do Dr. Shigeo Yonekura, da Universidade de São Paulo.

O sono deve ser profundo, reparador, em ambiente escuro, silencioso. Sono sem interrupções, prolongado, de sete a oito horas por noite. Privar uma pessoa por longo tempo desse sono reparador é contribuir para um estado de ansiedade e depressão.

52

Experiência de quase-morte

A melhor sala de aula do mundo está
aos pés de uma pessoa mais velha.
Shakespeare

O neurocirurgião norte-americano Dr. Eben Alexander III, do Brigham & Women Hospital, da Harvard Medical School, em Boston, Estados Unidos, esteve durante várias semanas em coma profundo, vítima de uma forma rara de meningite bacteriana.

Nessa condição ele teve contato com o mundo espiritual, experimentando uma desconhecida vivência fora do corpo físico, uma paz indescritível, sendo "muito mais que cérebro e corpo".

Ao contrário do que afirmam os céticos, de que seria mera elucubração cerebral, o seu cérebro não estava funcionando, como atestam os exames neurológicos que ele verificou depois.

Resolveu, assim, narrar sua história em um livro *Proof of Heaven: A Neurosurgeon´s Journey into the Afterlife*, que foi publicado no Brasil recentemente.

Outro fato semelhante aconteceu com o advogado Sólon Michalski, em Petrópolis, Rio de Janeiro, quando aos 21 anos de idade ficou por dez dias em estado de coma, depois de um acidente automobilístico. Ele descreve que se sentiu fora do corpo físico, no hospital, em um agradável estado de paz, alívio, conforto, nunca experimentado antes. Reviu momentos de sua vida, como num filme retrospectivo, examinando equívocos de que se sentiu envergonhado, antes de recuperar a consciência e abrir os olhos. Confessou, depois, que passou a ler muito e entender que somos parte de um tecido universal.

As pesquisadoras Edith Fiore e Elisabeth Kübler-Ross já haviam narrado suas experiências, coletando e gravando narrativas em UTIs com pacientes que tiveram morte por parada cardíaca e foram ressuscitados. A mesma história: um túnel, uma luz clara, uma paz inconfundível, o desejo de não querer mais voltar ao corpo físico. A *Near-Death Experience* é considerada hoje, pela ciência médica, como uma das demonstrações de que a vida continua, após a morte do corpo físico.

53

INCREMENTE SUA AUTOESTIMA

Quanto menos tempo tenho,
mais coisas eu consigo fazer.
Shakespeare

Sem dúvida que o ser humano busca sempre a felicidade, conquanto nem sempre saiba onde a encontrar.

Está até inserida na Constituição dos Estados Unidos da América do Norte, a busca da felicidade.

O Dr. Art Hister, médico em Vancouver, Canadá, autor do livro *Guia para uma vida longa e saudável*, diz que "quanto mais amigos temos, mais felizes somos".

O homem é um animal gregário. Sente-se bem na companhia de outros seres humanos. Assim, assinalamos algumas recomendações para melhorar a autoestima, juntar felicidade no seu dia a dia:

Arranje tempo para os amigos - Telefone para eles ou visite-os. Combine ir a um cinema, assistir a uma atividade desportiva, conviver num evento cultural, político, religioso. Essas atitudes derrubam o nível de estresse. Picos de estresse podem causar pressão alta, enfarto, derrame, registram pesquisas da Universidade de Chicago, Illinois.

Belisque tira-gostos entre amigos - Você pode até emagrecer. Contatos sociais com amigos podem ajudar, e muito. Provoque o encontro. Programe-se. Encontre motivos.

Tenha seu grupo de amigos e viva mais - As redes sociais até que facilitam isso. Busque o amigo que vem se retraindo.

Procure os que se dizem estressados, arredios. Faça-os participar mais. Ajude e seja ajudado. A solidariedade é uma poderosa alavanca.

Pode-se melhorar a vida amorosa - Pesquisa da Universidade da Califórnia aponta que os contatos mais próximos podem gerar benefícios mais saudáveis e até fomentar vida amorosa.

Continue bem ativo - atividades físicas, em geral, contribuem para melhor qualidade de vida. São responsáveis por prevenção das sete maiores causas de enfermidades, dentre as dez piores. Ande. Mexa-se. Na Universidade de Alberta, Canadá, observou-se significativa melhora nas crianças que interagiam nos esportes. As caminhadas particularmente, com outros, incrementada por conversas, tornam o exercício mais fácil e saudável. Sentir-se socialmente integrado faz bem à autoestima, que é um caminho para a prevenção de tristezas e depressões.

54

Mãe canguru

Uma criança adormecida em seus braços é um dos momentos mais pacíficos do mundo.
Shakespeare

Kate Ogg, 29 anos, com dificuldades para engravidar, encomendou um bebê de proveta.

A gravidez não chegou ao seu termo final, pois mais cedo do que o esperado ela apresentou os sinais de parto, como verificou seu obstetra, em Wollongong, na Austrália. Antecipado em 14 semanas, o parto apresentava contrações e dilatações, mas extremas dificuldades, ensejando um trabalho cesariano, que ela e Davi, seu marido, recusaram.

A equipe com 14 médicos estava a postos, para esperar a dupla gêmea que viria, além de enfermeiras e neonatólogos, emergindo a garota precoce, sobrevivendo com dificuldades, mediante os artifícios de que se apoiaram os profissionais, inserindo-se tubos respiratórios e aplicando-se medicamentos para fazer os pulmões funcionarem a contento. Emily sobrevivera.

Logo depois viria o menino. A demora, o tamanho, o peso, tudo conspirava para o êxito que se buscava. Jamie não manifestara vida, nem chorara, denotando ausência de vida, nos primeiros 20 minutos de trabalhos frenéticos dos médicos, para salvá-lo, um deles declarando, ao entregar a trouxinha junto à parturiente: "Nós o perdemos..."

Angustiada, a gestante acomodou o seu bebê junto a si,

que abria a boca, mas não emitia vagido algum. Os médicos diziam que era apenas um reflexo. Ela não conseguia acreditar que perdera o bebê. Afastou o cobertor que o agasalhava, e estreitou-o de encontro ao próprio peito, para melhor sentir o seu calor. E começou a sussurrar-lhe baixinho, coisas ininteligíveis ao pequeno ouvido. O pai, também choroso, envolvia os dois com um meigo abraço, na vista dos médicos que apenas apreciavam.

De repente, sem que ninguém esperasse, Jamie abriu os olhinhos, elevou um pouco a cabeça. O carinho dos pais, o calor do corpo, assemelhado ao que sentia no interior do útero, operaram o milagre da vida. Jamie estava vivo!

A técnica de aconchegar o bebê nascido junto ao corpo da mãe, denominada "mãe canguru", tem operado milagres.

O corpo humano anseia pelo toque, diz o prof. Matt Herteinstein, da Universidade DePauw, nos Estados Unidos. Tem impacto positivo nas funções cerebrais, no estresse, na fisiologia do sistema imunológico.

O toque humano beneficia o sistema cardiovascular. Favo rece os níveis de oxitocina. O córtex frontal é ativado. Nas gestantes que pegam o bebê no colo, aumenta a produção de leite.

Nada como um fraterno abraço, um aperto de mão, um ombro amigo...

55

Ho'oponopono

Sempre posso rezar por alguém que eu
não possa ajudar de alguma forma.
Shakespeare

Ho'oponopono é uma expressão que no idioma havaiano significa *corrigir um erro* (causa + perfeição).

O Dr. Lhaleakala Hew Len, Ph.D., estudando a causa pela qual psicólogos se recusavam a trabalhar em um pavilhão de presídio lotado de pessoas com elevada agressividade, em estado de loucura, experimentou uma técnica nova, que consistia em trabalhar as mentes daquelas pessoas a distância, mentalizando sentimentos de perdão.

Ele repetia um mantra que dizia: *Sinto muito. Me perdoe. Te amo. Sou grato.* Todos os dias fazia esse exercício mental, direcionado àquelas pessoas recolhidas naquele pavilhão prisional. E, depois de algum tempo, verificou que havia ocorrido uma mudança comportamental, para melhor. Os presidiários ficaram menos agressivos, mais comunicativos, mais sociáveis. Insistiu na terapia, e os avanços notados foram considerados extraordinários.

O professor Lhaleakala partiu do princípio de que somos unos. Que o amor de um, como dizia Mahatma Gandhi, poderia cobrir a multidão dos nossos pecados. Perdoando-se e pedindo perdão pelos outros, atingiríamos o ser coletivo universal que nos circunda, melhorando as energias que nos acompanham.

Ho'o significa causa. E *ponopono* quer dizer perfeição. Portanto, corrigir um erro, atacando suas causas.

Sinto muito, me perdoe, te amo, sou grato... Essas seriam expressões de reconciliação consigo mesmo e que, aplicadas às mentes coletivas, acabavam influenciando-as, melhorando o comportamento.

O que quer dizer, em primeiro lugar, que o perdão das ofensas é essencial. Por isso, Jesus dizia: "Vai e te reconcilia primeiro com teu ofensor". Ele ficou muito triste quando saiu caminhando à beira do Lago Genesaré, após curar vários doentes, verificando que alguns, como o paralítico, diziam que agora estavam livres para correr atrás dos que os magoaram.

Se não nos sentimos ofendidos, a ofensa não nos alcança. Seguimos, simplesmente. Se eu ofendo alguém, o problema é meu - diz o nosso mestre querido, Divaldo Franco. Mas se alguém me ofende, o problema é desse alguém.

56

Perdão e libertação

Pequenos acontecimentos diários tornam a vida espetacular.
Shakespeare

Os amigos de Teng De, 17 anos, recriminaram-no bravamente por haver chegado atrasado à porta da Escola de Ensino Fundamental Chang Na, onde deveriam encontrar-se para um combinado churrasco com os primos. E como punição, mandaram-no "pagar" dez flexões junto ao solo. Não se sabe por que aquilo despertou a ira de outro grupo de jovens, do outro lado da quadra desportiva, os quais vieram aproximando-se, encorajados pelo álcool, gerando uma briga, tendo um deles, Yang, 15 anos, cravado uma faquinha de descascar frutas no peito de Teng, matando-o.

Lin Meiyun, mãe do garoto assassinado, comparecia, às audiências do júri, cheia de ódio no coração e com uma faca na bolsa, imaginando vingar a morte do filho querido. Isso a atormentava a cada minuto de sua vida.

Condenado e cumprindo pena no sistema penitenciário local, Yang cresceu, e suas feições sempre faziam lembrar à senhora Lin o rosto do seu filho falecido.

Três anos se passaram, quando a senhora Lin resolveu visitar o assassino na prisão. Encarou aquele rapaz, magricela e alto, tímido, com certo amargor estampado na face. Ele, sabendo quem ela era, aproximou-se, dizendo-lhe calmamente:

– Senhora You (esse o sobrenome de casada de Lin)... Permita-me, por favor, que lhe dê um abraço?

Ela assentiu. E se abraçaram longamente, chorando.

Naquele momento, a senhora Lin You esquecera-se completamente das promessas que fizera a si mesma, durante meses, de "acabar com todos eles" (referindo-se à turma de Yang). Ali, de pé na pequena saleta, abraçada a um rapaz que poderia ter a idade do seu filho, por ele morto, somente enxergava um ser humano sofrido, amargurado, triste e recolhido. Chorou por ele também.

Era seu momento de libertação. Ele, Yang, encarcerado pela justiça dos homens, por sua culpa. Ela, presa às lembranças amargas do passado que já se fora. Resolvera perdoar.

A libertação se fizera em seu coração.

Antes disso, chegara a seguir os pais de Yang, pensando em vingança. Até o dia em que vira o casal: ele com um dos braços decepado por um acidente; ela, desempregada. Ambos vendendo flores na rua. Apiedou-se. Verificou que eram ambos sofridos trabalhadores. Sua dor pessoal sufocou-se. Aproximou-se e pediu notícias do filho preso. Solicitou endereço do presídio e passou a escrever ao assassino, recebendo dele respostas carinhosas, como fazem os filhos para os pais.

Dado o bom comportamento carcerário, Yang foi libertado seis anos depois do fato, pensando só em trabalhar para pagar a indenização pelo que cometera. Mas a senhora Lin o aconselhou a voltar a estudar, dizendo-lhe que a indenização poderia esperar.

57

INDIVIDUALIDADE

Viver é lei da natureza, mas a vida pessoal
é obra de cada um.
André Luiz (Chico Xavier)

Nosso genoma contém 3,2 bilhões de letras de código DNA, 0,5% disso seriam 16 milhões de letras. O código contém quatro letras; logo, o número de combinações possíveis é igual a 4 elevado a 16 milhões, o que torna cada ser praticamente único.

As nossas impressões digitais também nos fazem únicos, já que não há duas impressões iguais. Fragmentos dessa impressão deixada num copo, maçaneta, superfície lisa, recuperada com ajuda de um sistema de processamento de dados, permite identificar a pessoa que a produziu.

O modo de andar, a largura do passo, a profundidade imprimida, os bordos das impressões deixadas no solo pelos pés, também são únicas, em regra, permitindo num rol de suspeitos, chegar-se à pessoa certa, como informa Todd Patack, da Universidade Shinshu, Japão.

Os batimentos cardíacos, demonstrados por configurações eletrográficas, igualmente são únicas, ensejando a identificação da pessoa. A Apple desenvolveu sistema para proteção industrial, controle de acesso mediante batimentos cardíacos.

Da mesma forma, os gráficos produzidos eletronicamente, transformando as alterações ou comprimentos de ondas, indicam a pessoa única, conquanto imitadores de voz possam modulá-la, mas não impedindo essa identificação, de acordo com Sophie Scott, do University College, de Londres.

Igualmente o cheiro próprio que exalamos, permite aos cães identificar seu próprio dono a distância, mesmo encapuzados, dentre cerca de 7 bilhões de pessoas, assinala o Dr. George Pretti, do Mornell Chemical Senses Center, nos EUA.

Até a massa microbiana, presente em nosso organismo, não é igual para todos. Nascemos com 100 trilhões de bactérias que vivem dentro e fora do corpo. Há 10 para cada célula, representando 3,3 milhões de genes. Das mil espécies, hospedamos em nosso corpo 150, a maioria no intestino. Uma impressão bacteriana transferida para o teclado ou um mouse é única e exclusiva.

A íris dos olhos determina uma unidade da pessoa, servindo pela leitura de uma câmera, nos aeroportos, comparada por computadores, para individualizar a pessoa.

Outros elementos do corpo humano, como o pavilhão auditivo e as ondas cerebrais também se prestam à identificação de uma pessoa.

Dessa forma, a nossa individualidade está presente em cada ponto, demonstrando as nossas aquisições atávico-hereditárias, dado o corpo modelador das formas, do que pensamos, do que agimos e sentimos. Cientistas estudam mutações a partir da mente dirigida, capazes de influenciar as moléculas do DNA.

Fazemos parte de um todo *(holon)* universal, energia cósmica a que nos atrelamos, mas sem perda dessa individualidade inteligente.

58

SOBERBA

Se nem Deus fez tudo num só dia,
o que me faz pensar que eu possa?
Willian Shakespeare

Dentre os pecados humanos, numa sociedade narcisista e individualista, deparamo-nos com a soberba, muito próxima do orgulho, que dão ao ser um toque de mando, de preponderância, desde mesmo o reino animal, onde o antropoide ancestral assinala seu poder com gestos batendo no peito, com o punho cerrado, ou com as mãos na cintura, peito empinado, ombros voltados para trás, queixo elevado.

"Certo grau de arrogância, é premiado", assinala o psiquiatra José Outeiral, da Associação Psiquiátrica Internacional. Mas a humildade deve presidir, conforme nos ensinou Jesus Cristo, com as suas bem-aventuranças. Bem-aventurados os pobres em espírito, os mansos e pacíficos, posto que, quem se humilha, será exaltado; e quem se exalta, será humilhado.

O imperador romano Cômodo, filho do filósofo Marco Aurélio, entre os anos 177 e 192 de nossa era, quis igualar-se a Hércules, simulando realizar a façanha dos seus 12 trabalhos, mas morreu estrangulado pela própria esposa.

Alexandre, o Grande (dado o tamanho corporal), demonstrou humildade, pedindo que, ao ser conduzido ao esquife do seu funeral, tivesse as mãos para fora do caixão, para mostrá-las limpas do jeito que nascera, e ao distribuir o ouro que dispunha a quem precisasse. E que fosse mantida aberta a tampa do esquife, para que seus médicos observassem que não podiam tudo.

Maria Antonieta ditava moda, difundia estilos de penteados, desafiou os costumes da monarquia francesa, amava a sua aparência acima de tudo. Terminou seus dias com a cabeça decepada numa guilhotina.

Napoleão Bonaparte, o corso que conquistou a Europa, era sempre visto de ombros empinados, peito estufado, queixo erguido, olhar desafiador, postura soberba, conquanto disciplinado e disciplinador, amado pelos seus soldados. Dono da arte da guerra, Bonaparte rompera com a autoridade clerical, tomando a coroa das mãos do papa e ele próprio se ungindo imperador. Morreu no desterro, na Ilha de Elba, no Mediterrâneo.

Adolf Hitler, conquistador do mundo, exterminador de milhões de judeus, os quais considerava sub-raça, na sua busca ensandecida pela pureza ariana, terminou com um suicídio, ao ser vencido ao término da II Grande Guerra, que foi ganha pelas potências aliadas, em 1945.

John Lennon, autor da bela composição pela paz (Imagine), que integrava com Paul McCartney e outros a famosa banda que o projetou perante o mundo, com o *rock n' roll*, afirmando-se mais famoso que Jesus Cristo, conquanto representasse o apanágio pela paz, morreu assassinado na calçada do prédio onde morava, em Nova York.

O justo orgulho, como assinalou Jesus, consiste pelos feitos em favor do próximo, o doar-se. Como a viúva simples, portando uma única moeda, óbolo entregue no Templo ante as vistas atônitas dos sacerdotes vorazes.

59

IRA

Há pessoas que choram por saber que as rosas têm espinhos.
Outras há que sorriem por saberem que os espinhos têm rosas.
Machado de Assis

Se pudéssemos reunir numa só palavra todos os ensinos de Jesus, proferiríamos a expressão *amor*.

Contrário senso, se possível fosse enfeixar numa só palavra o anverso do amor, diríamos o vocábulo *egoísmo*, que resulta, na prática, na *falta de amor*.

E uma das variações desse desamor é a *ira*, o aborrecimento, a insatisfação, a inquietação, a falta de paz. A *raiva* é quando ficamos bravos com alguém ou em face de alguma coisa. É passageira.

O *ódio* seria a raiva mais demorada, continuada, persistente. E o *rancor* resultaria numa sequela renitente, que perduraria em nosso íntimo. Todas elas causam mais mal a quem as nutre do que a outrem.

A ira parece irracional, e é mesmo, diz o psicólogo social Simon Laham. São as amígdalas entrando em ação, provenientes de uma parte mais primitiva do cérebro. Dura não mais que 15 minutos. Sensibilizado o hipotálamo, respostas fisiológicas desencadeiam suor, rosto vermelho, mais sangue nas mãos e pernas, preparando-as para lutar ou fugir. O córtex frontal decide o que você vai fazer. Os sintomas surgem nas narinas dilatadas, cabelos ouriçados imperceptivelmente, mandíbula cerrada, dentes à mostra, um verdadeiro animal.

No século XVIII a ira era vista como loucura temporária, afirma o historiador Thomas Dixon. Hoje, é vista como algo que precisa ser tratado e gerenciado.

Não é uma doença, mas uma emoção. Mas pode ser perigosa, afirma o psicólogo forense Jason Jones, do Centro de Terapia Racional-Emotiva-Comportamental da Universidade de Birmingham, na Inglaterra.

O neurocientista e professor John Fontenele Araújo, coordenador do Núcleo de Pesquisa em Ritmicidade, Sono, Memória e Emoções da Universidade Federal do Rio Grande do Norte, esclarece que as zonas cerebrais atacadas são as mesmas de um urso, que, para preservar a espécie, dispara um mecanismo de autodefesa ao detectar o que presume ser um perigo. Como um rato acuado, que, vendo-se em situação de extremo perigo, encurralado, enfrenta até mesmo um gato.

O homem racional, modula, reflete, domina-se. Ressalva. Perdoa. O Dr. Joffrey Lohr, do Departamento de Psicologia da Universidade de Arkansas, EUA, ensina que expressar raiva provoca mais raiva, em vez de reduzi-la. E que devemos aprender a regular a fúria. Em poucas palavras, *keep calm and carry on*.

Jesus lecionou perdoar 70 vezes 7. Ensinou a sermos mansos e pacíficos, humildes e pobres em espírito. E, sobretudo, exemplificou, quando chamado a dar o testemunho, conquanto não lhe faltasse altivez para confrontar os que erravam.

Era a justa ira.

60

Jogos eletrônicos

Nunca deixes de sorrir sempre que estejas triste, porque nunca se sabe quem vai se apaixonar pelo seu sorriso triste.

Gabriel García Márquez

Pesquisadores revelam que jogos eletrônicos viciam, encaminhando-se para fazer parte do *Catálogo de Transtornos Mentais*, edição 2013.

Ao lado da dependência da internet e do sexo virtual, os jogos eletrônicos assumem natureza epidemiológica em nossa sociedade cibernética, atingindo 3% dos usuários, em escala mundial, conquanto 9% não apresentando sintomas que configurem dependência.

Lemmens, Valkenburg e Peter, em 2009, propuseram como sintomas a utilização como atividade mais importante na vida do usuário, dominando seu pensamento, sentimentos e comportamento. Aumento de tempo de uso, demonstrando irritabilidade e tristeza, emoções negativas e efeitos físicos.

Outro aspecto preocupante é a tendência a exacerbar a violência, presente em grande parte dos jogos eletrônicos, afetando a parte cognitiva do aprendizado.

Hassemann (2007) aponta que nesse ambiente circunscrito por monitores, filmes e games, aparelhos celulares, IPod, IPad, *Tablets* em geral, tais artefatos acabam por assumir um papel nuclear no nosso cotidiano. Já vimos crianças, em festa de aniversários, lojas de buffets, que mal podiam alcançar a tela do monitor, a não ser ajudada pela mãe, que as sustentava pelas axilas, exigindo sequências de ações, manejadas pelo *joystick*, operadas pelas mãozinhas inocentes, atirando e matando personagens de um jogo eletrônico.

E nos lembramos de quanto eram divertidos os filmes de Tio Patinhas e de quanto era mais sossegada a juventude, e menos violenta. Hoje a meninada se ataca, uns aos outros, já nas escolas do primeiro e segundo graus.

A semeadura é livre, mas a colheita obrigatória, diz o Evangelho.

61

Agressividade

> O sorriso enriquece os recebedores,
> sem empobrecer os doadores.
> **Mário Quintana**

A cada 20 segundos uma pessoa mata outra em nosso planeta. Isso dá mais de um milhão e meio de mortos, por homicídio, ao ano. Sem falar-se de acidentes de trânsito, que são a segunda causa de mortalidade violenta.

No Brasil mata-se mais que na guerra do Iraque.

Os gastos militares ascendem, no planeta, a um dólar para cada seis. Um soldado custa para os Estados Unidos US$ 14.800, enquanto para educar-se uma criança são gastos apenas US$ 230.

Para não ficarmos em um panorama sombrio tão somente, os governos belicistas vêm perdendo terreno no mundo. A humanidade marcha, celeremente, para uma paz duradoura. Estamos ficando mais solidários.

Recentemente, após uma das secas mais prolongadas do Nordeste brasileiro de que se tem notícia, alguns agricultores do município de Sorriso (município do Mato Grosso, maior produtor nacional de milho), sensibilizados com uma reportagem do *Globo Rural*, que mostrava o sofrimento dos pequenos pecuaristas de Irecê, na Bahia, enviaram, gratuitamente, três carretas cheias do precioso grão, para ração animal.

Os fenômenos climáticos e geológicos, conquanto seu poder destruidor, têm despertado o que há de melhor nos seres humanos, que é a ajuda humanitária, independentemente das ações governamentais.

A agressividade humana, que é um resquício das eras primitivas do lutar ou correr, da busca de alimentos, pela caça ou conquista, vem cedendo lugar a atos de eloquente amor ao próximo, dividindo os benefícios da riqueza.

Não mais há lugar para o egoísmo em nossa sociedade, que se prepara, em transição planetária, para uma Era de Regeneração.

62

Refrigerantes. Porque não

Alegria é felicidade.
Hebe Camargo

Somos, sem dúvida, uma sociedade consumista. Notadamente de industrializados. Dos 2 gramas de sódio que poderíamos consumir, segundo a Organização Mundial da Saúde, ingerimos das mais diversas formas cerca de 20 gramas, estreitando as artérias, aumentando a pressão, favorecendo os acidentes cardiovasculares, incentivando obesidade, colesterol alto, triglicérides e ampliando as chances do diabete.

Mas há um inimigo, nem sempre notado, que contribui enormemente para o aumento desses níveis indesejáveis, que são os refrigerantes, consumidos largamente pela garotada. Gelados, combatem o calor. Mas aumentam o peso corporal. Estudo com 50 mil mulheres, divulgado pelo *Journal of the American Medical Association,* revela que refrigerante aumenta o peso.

Mulheres que o consomem, segundo o mesmo estudo, ampliam em 83% as chances de contrair diabetes, devido ao alto teor de frutose, presentes nas frutas de que são elaborados. Da mesma forma o fígado se ressente, devido aos ácidos graxos e outros químicos, como acidulantes, estabilizantes, oxidantes, adoçantes, quase nunca reparados na embalagem.

Também enfraquecem os ossos, causando osteoporose, devido à presença de ácidos fosfóricos, como identificado pela Universidade de Tufts, Massachusetts, EUA. Os de sabor *cola* são os mais prejudiciais, por conterem maior teor desses ácidos.

Vivemos em um país tropical, cheio de frutas, sendo as mais baratas as de época. Muitos países hoje importam largamente as nossas frutas. Feito um suco, dosamos mais adequadamente o adoçante, conforme nosso gosto e possibilidade. Em alguns casos, nem necessário se faz, como nas laranjas, doces por si mesmas.

Então, por que morrer pela boca, como peixe?

Controle-se e peça, da próxima vez, suco da própria fruta. E viva mais saudavelmente.

63

Povos longevos

E a minha alma alegra-se com seu sorriso, um sorriso amplo e humano, como os aplausos de uma multidão.

Fernando Pessoa

Estudo realizado pela Universidade de Boston, EUA, aponta que a longevidade é influenciada em 30% pela genética.

Segundo o IBGE, a expectativa de vida no Brasil cresceu 25,4 anos de 1960 a 2010, fixando-se em 73,4, possuindo hoje 20 milhões de pessoas com idade acima de 60 anos. Uma progressão de idades revela que no ano 2050 esse percentual chegará a 30% da população.

O Estado do Rio de Janeiro é o que apresenta maior índice de longevidade. Sua fecundidade fica em 1,54%, chegando à Região Metropolitana a 0,9%, menor que a do Japão (1%), país cujo crescimento vegetativo (diferença entre o número de nascimentos e o número de mortes) vem diminuindo ano a ano.

As causas são várias. Além dos avanços da Medicina e cuidados fitossanitários, casais estão decidindo não ter filhos, ou no máximo um, quando não o adotam por razões de escolha da mulher, evitando a gravidez.

Pesquisa publicada pela *Proceedings of the National Academy of Sciences* (PNAS) concluiu que pais mais velhos geram filhos mais longevos, tendo a ver com o DNA, esse atraso no envelhecimento, com a cadeia de telômeros mais longos, o que permite às células se multiplicarem durante mais tempo.

Outra conclusão científica desse grupo é que atividade

mental mais saudável provoca e promove o bem-estar que se reflete na saúde.

Vamos ter, pois, um terço da população mais idosa, o que é bastante razoável na tomada das decisões, no equilíbrio psicossocial, na sabedoria e experiência postas à disposição do tecido social.

Na Universidade de Minnesota, EUA, pesquisadores, em parceria com os colegas do National Geographic Society, descobriram regiões do planeta onde se vive mais tempo, como a ilha de Okinawa, no Japão; Ilha da Sardenha, na Itália; Loma Linda, na Califórnia, e em Costa Rica, devendo-se esse fato à alimentação proveitosa.

Comunidades com uma extraordinária quantidade de pessoas centenárias alimentam-se predominantemente de peixes, frutas, verduras, movimentam-se muito em atividades físicas, e são considerados mais ativos socialmente que a média das pessoas.

64

NEURÓBICA

É maior o sorriso que se oferece
a quem não tem nenhum.
M. Gandhi

Neuróbica são exercícios para o cérebro. Desenvolvidos por dois cientistas, no final dos anos 90, o médico indiano Paul Denninson, Ph.D. em educação pela Universidade da Califórnia, e pelo Dr. Lawrence Katz, professor de Neurobiologia e pesquisador da Duke University Medical Center, na Carolina do Norte.

O nome sugere uma aeróbica para os neurônios, objetivando deixá-los mais ágeis e saudáveis. Com efeito, nosso dia a dia é ocupado, 80% dele, por rotinas comuns que, apesar de reduzir o esforço intelectual, escondem um efeito perverso, limitando o cérebro, reduzindo ou atrofiando as chamadas conexões sinápticas, as quais necessitam de estímulos continuados.

São exercícios neuróbicos tomar banho e esfregar-se ou ensaboar-se com os olhos fechados. No quarto, andar no escuro, tateando, imaginando onde está a maçaneta da porta ou a posição da cama e móveis. Mudar o itinerário com frequência.

Uma pesquisa em Londres em categorias profissionais detectou que motoristas de táxi eram menos infensos ao envelhecimento precoce e que se mantinham com a mente saudável e operante, mais do que profissionais de outras categorias, mesmo em idade provecta.

Descobriu-se que os estímulos patrocinados pelos passageiros, ao anunciar o endereço para onde se destinavam, obrigavam a mente do motorista a fazer um itinerário mental, imaginar uma série de ruas e quarteirões, os mais curtos ou desengarrafados, aguçando e realimentando os neurônios.

Mente inativa ou preguiçosa é campo propício ao mal de Alzheimer, uma esclerose cerebral que bloqueia a mente, com reflexos em outros órgãos, como os locomotores, por exemplo.

65

MEDIUNIDADE E CIÊNCIA

Ciência sem religião é capenga.
Religião sem ciência é cega.
Albert Einstein

Pesquisadores da Universidade de Coimbra, Portugal, estão realizando estudo científico para demonstrar a participação espiritual em sensitivos, médiuns, diversa da consciência do receptor.

Com auxílio de exames eletroencefalogramas, avaliaram as ondas cerebrais emanadas dos médiuns, enquanto "incorporados", que apresentavam baixa vibração, denominando o estudo como índice bi-espectral.

Os cientistas observaram que pessoas nesse estado, de frequência tão baixa, como as observadas nos médiuns, deveriam estar, necessariamente, em completo estado de relaxamento físico e mental, sem poder falar ou elaborar movimentos. Entretanto, uma médium, em transe, mesmo apresentando um índice igual a 30 Hertz (Hz), continuava a falar, fato somente possível com as ondas entre 60Hz e 30Hz.

Outro médium, medidas as ondas cerebrais, que apresentavam índice bi-espectral igual a 47Hz, conseguia pintar duas telas, ao mesmo tempo, com as duas mãos, cada uma com um estilho diferente, dos pintores Renoir, de um lado, e Toulouse-Lautrec, do outro, estando prontos os quadros pictográficos em alguns minutos.

Aqui no Brasil, em Salvador, equipe médica norte-americana, presentes na Sociedade Espírita André Luiz, no bairro do Tororó (Rua Marujos do Brasil), colheu sangue do médium Venâncio, um corretor de seguros aposentado, e, depois, novamente, com o médium em transe, incorporando o Espírito Dr. Arikson, que fora médico na Alemanha, durante a Guerra, verificando-se uma alteração dos glóbulos brancos, leucócitos, próprios para aumentar as defesas orgânicas em face de infecções. A entidade espiritual, através do médium, extraía tumores, cistos, pterígios, usando as próprias mãos, sem luvas protetoras, justo numa época em que a infecção pela aids a todos afligia.

Hoje, desencarnado o médium, a Instituição continua atendendo com cirurgias, às segundas-feiras. E às terças-feiras, com outro médium, Antônio Monteiro, empresário do ramo de automóveis, verificando-se a desmaterialização de tumores internos, que surgem, de repente, no algodão colocado sobre a zona afetada.

Tal qual vimos, no passado, há mais de 30 anos, em Votuporanga, São Paulo, uma mulher católica, que, em transe e preces fervorosas, atraía para o algodão, colocado sobre uma peneira, em cima de uma pequena barrica, vísceras e sangue, cacos de vidro, ossos e outros objetos.

66

A CHAVE DE CHICO

Amigo é alguém que fica para ajudar
quando todo mundo se afasta.
Luiz Gonzaga Pinheiro

Chico Xavier, famoso médium, nascido em Pedro Leopoldo, MG, tendo se mudado, depois, para Uberaba, também em Minas Gerais, fora criado por sua madrasta, Cidália, após o falecimento de sua mãe, Maria João de Deus.

E sempre que Cidália saía, trancava a porta. Mas, ainda assim, continuava a dar por falta de verduras e legumes que plantava no quintal. Alguém pulava a cerca e apanhava furtivamente os produtos que lhe rendiam algum dinheiro, na feira, com o que ela pagava a escola dos meninos.

Aborrecida e desconfiada da vizinha, Cidália pediu a Chico Xavier que lhe ajudasse a resolver o problema, e consultasse sua genitora falecida, já que ele falava com os Espíritos.

Chico foi para o quintal, onde realizava suas preces e conversava com sua falecida mãe. Ela então lhe apareceu, aconselhando não brigar com vizinhos e sugerindo que Cidália, ao sair, trancasse a porta da casa e desse a chave à vizinha, pedindo-lhe que tomasse conta de tudo. E, assim, nunca mais ocorreram furtos no quintal.

Dê responsabilidades ao outro e ele cuidará do que é dele e do que é seu. As pessoas gostam de cumprir profecias, fazer o que deles se espera.

Comece pelos filhos. Atribua-lhes responsabilidades e

diga o que espera deles. Demonstre que são capazes de realizar e que serão muito importantes no futuro, muito maiores do que eles mesmos poderiam supor.

A isso chamamos profecia autorrealizável.

67

AME INFINITAMENTE

Amor ao próximo: É quando o estranho passa a ser o amigo que ainda não abraçamos.
Luiz Gonzaga Pinheiro

Rabindranat Tagore, famoso filósofo indiano, conta-nos que um homem santo, chegando aos arredores de uma cidade, deparou-se com uma mulher muito bela, sentada e recostada à sombra de uma grande árvore.

Parou, pensando prestar-lhe auxílio, penteando com as mãos seus longos cabelos sedosos e perfumados. A sua pele, macia, exalava um encantador perfume de primavera juvenil. Os olhos brilhantes faiscavam, frêmitos de desejos.

Ela tomou o belo homem pelas mãos e lhe segredou:

- Venha comigo. Vou proporcionar-lhe momentos de inesquecíveis prazeres...

Ele respondeu-lhe:

- Não, não posso. Talvez um dia venha lhe ver.

Dez anos se passaram e o homem, de volta àquela cidade, ainda na periferia, onde se amontoavam lixos e dejetos deixados pelos habitantes, ali encontrou a mesma mulher, jogada, agora marcada, profundamente, pelo rigor dos anos de longos sofrimentos, e portadora de varíola, que a tornava indesejada no núcleo urbano...

Aproximou-se e viu-a esquálida, olhar mortiço, cabelos ressecados pelo sol, tez desidratada pelo calor insuportável, consumida pela doença repugnante. Abaixou-se, carregou-a, tomando-a nos braços, sem receio algum, dizendo-lhe:

- Venha... Vou levá-la para um paraíso de paz, cujas portas já se abrem para seu ingresso definitivo.

O momento de cada um surge inesperadamente, nas oportunidades de servir que o Senhor nos apresenta.

Madre Teresa, de Calcutá, naquele trem, apinhado de gente, calor escaldante, ao ver os doentes, cadaverizados e quase endurecidos, serem empurrados para fora da composição, onde ficariam ao relento, ali se decidiu servir a Deus, dedicando os dias da sua vida ao próximo.

Chico, de Assis, ao sair de casa e se despojar da indumentária luxuosa com que guarnecia o corpo principesco e jovem, a partir daquele dia se dedicaria ao serviço do amor aos pobres.

Saulo, de Tarso, às portas de Damasco, acudido pela presença de Jesus, que lhe proclamava, na intimidade do seu coração: - "Por que me persegues?", começava, naquele dia, a renovação espiritual, que lhe permitiria dedicar-se ao serviço do Evangelho do Cristo.

Todos nós temos o "estalo" que nos concitará a engajar-nos ao serviço do Amor. Queimar os nossos navios, nos portos, voltando-nos para o gentio, para aqueles que ainda não conhecem os altiplanos do Amor.

68

ÁGUA VAI FALTAR...

Caridade: É quando a gente está com fome
e só tendo uma bolacha, reparte com outros.
Luiz Gonzaga Pinheiro

O homem pode sobreviver sem comer, mas não viverá sem água. Até o ano 2050, a busca pelo precioso líquido será mais intensa do que a busca por petróleo, podendo a água tornar-se escassa mesmo em países que a têm em abundância, como o Brasil.

Sessenta e nove por cento da água potável está concentrada nos polos e geleiras. Os 31% restantes resumem-se a rios, lagos, geleiras e lençóis freáticos. As reservas totais do planeta resumem-se a 14,2 bilhões de quilômetros cúbicos. Já existem hoje 450 milhões de pessoas, em 29 países, com problemas com abastecimento de água.

Estima-se que duas em cada três pessoas no mundo venham a ter esse problema. Países ricos como Kuwait, Malta e Holanda são exemplos dos que mais precisam de água. Os mais bem dotados são Brasil, Rússia e EUA.

No século 20 o consumo aumentou mais que a população, segundo a ONU. Num ritmo maior. E ainda vai aumentar mais, de 10 a 12% por década. Os maiores responsáveis por esse aumento são a agricultura irrigada, a indústria (demanda nas indústrias, nas hidrelétricas, usinas nucleares etc.), e o uso doméstico (maior em cidades e países mais desenvolvidos).

Usa-se muito mais do que se imagina para produzir-se cerveja (296 unidades por litro), carne bovina (15.415 litros por quilo), pizza (1.259 litros por unidade), chocolate (17.198, por quilo) e etanol (1.053 litros por litro do combustível).

Para economizar água, recomenda-se entre outras medidas: evitar lavar carro com mangueira aberta (usar gatilho na extremidade ou usar baldes com panos); tomar banhos "de soldado", rápidos, ou ensaboar-se e limpar-se com o registro fechado. E mais: escovar os dentes ou fazer a barba, com a torneira fechada. Trocar o modelo de descarga, por outro econômico (já há tecnologias para líquidos e sólidos e para pequenas descargas e grandes descargas). Prédios são projetados para coletar e acumular água de chuva, retornando para o gasto comum, de limpezas.

69

Upgrade no coração

> Ciúme é quando o coração fica apertado
> porque não confia em si mesmo.
> **Luiz Gonzaga Pinheiro**

O Ministério da Saúde informa que 300 a 400 mil brasileiros sofrerão enfarto. E desses, um quarto, ou 25%, morrerá.

Por quê?

Por conta do **colesterol ruim** (LDL) – produzido por excesso de gorduras, sedentarismo e estresse. Deve ser menor que 160mg/dl. E baixo índice de colesterol bom (HDL), encarregado da limpeza das artérias. Taxas devem estar acima de 40mg/dl.

Por causa de **artéria inflamada** – em decorrência do acúmulo de placas de gordura. Alguns acham que as gorduras se acumulam porque as artérias se inflamam. Estas se inflamam devido a problemas genético-hereditários, sedentarismo e estresse.

Devido à **pressão alta** – superior a 14 por 9.

Devido ao **cigarro**, posto que a nicotina, uma das centenas de substâncias nocivas que ele contém, é vasoconstritora; devido ainda às gorduras, que estreitam o canal interior das artérias. Por conta da vida sedentária, ausência de exercícios e estresse.

Aliás, o **estresse** é decorrente da ansiedade e problemas nervosos, que atuam automaticamente na liberação dos hormônios, que aceleram os batimentos cardíacos e aumentam a pressão arterial, a fim de fazer frente a um risco que se instala. Surge diante da necessidade de defesa (enfrentamento ou fuga).

Infarto decorre também da **hiperglicemia**, dos altos níveis de açúcares e energéticos ingeridos, buscados muitas vezes como recursos para o "enfrentamento ou fuga", e também pela ausência de exercícios que os "queimem", dissipando-os mais facilmente, além de outras causas, como abusos e escolha inadequada de alimentos.

Peso corporal e **obesidade** - com Índice de Massa Corporal fora dos padrões (entre 18,5 e 24,9), acúmulo abdominal, por falta de exercícios. Para calcular-se o IMC, mede-se a circunferência da cintura, multiplica-se pela estatura física, dividindo-se por dois (cintura x altura/2).

E ainda: abdômen proeminente, independentemente de a pessoa ser gorda ou não, denuncia acúmulo inadequado. "Barriga de chope", favorecendo pressão alta e inflamação das artérias, formação de placas e colesterol desregulado (HDL e LDL).

Outro inimigo da saúde e causador de infarto é o **sedentarismo.** Este surge por comodismo, conforto moderno (uso excessivo do carro ou do controle remoto), favorecendo acúmulo de gordura abdominal.

Idade e genética também são fatores que predispõem ao infarto e estão representados pelo histórico familiar. A estes devem ser acrescentadas condições e características do indivíduo: se é trabalhador ou está aposentado, se é ativo ou acomodado... Esses dados podem significar fatores de risco, porque estão ligados com glicemia, pressão alta e colesterol.

A predisposição a ataques cardíacos tem a ver também com o **patrimônio genético** do indivíduo. Os genes revelam a vida familiar.

O que fazer?

Viva de modo *light*, controlando a ansiedade, o estresse, prevenindo depressões. Estresse eventual é até bem-vindo. Mas o crônico, sem libertar-se do que o incomoda, desgasta o coração, diz o cardiologista Carlos Pastore, do InCor.

Divirta-se. Dê uma pausa. Tire férias. Viaje de vez em quando. Não leve trabalho pra casa. Relaxe à noite, com um bom programa de humor. Ria bastante. Distraia-se na internet. Afaste-se dos reclamões ou de pessoas tristes.

Faça planos plausíveis. Minimize suas necessidades, utilizando-se daquilo de que precisa essencialmente para viver. Dê mais valor a coisas imateriais e eternas. Mantenha uma vida afetiva regular e sem problemas.

Dirija o veículo com prazer. Não transforme o hábito de conduzir automóvel em padecimento. Acostume-se com as agruras do trânsito. Não dê murros em ponta de faca. Ouça música ou noticiário. Use o ar condicionado. Conduza com cuidado. Não transforme seu carro numa arma. Evite brigas e confusões.

Pesquisa na Universidade de Washington, EUA, com 4.300 voluntários, demonstrou que longas distâncias e percursos demorados desenvolvem acúmulo de gorduras na cintura e descompasso nas artérias. Cumulativamente com a poluição do ar e o estresse ao volante, diz o cardiologista Luiz Bortolloto, do Hospital Osvaldo Cruz.

Além do barulho externo, não se deve acrescentar ruídos exagerados, como amplificadores que ofendam os tímpanos. Relaxe. Trace um itinerário mais fácil. Saia mais cedo para o trabalho. Evite congestionamentos.

Prepare-se para uma boa noite de sono. O organismo necessita de sete a oito horas de sono tranquilo e reparador, em ambiente escuro e calmo. Evite filmes, programas televisivos, internet ou leituras que o deixem agitado.

No sono libertamo-nos, vagamos, sonhamos. Os batimentos cardíacos, quando mapeados, indicam a possibilidade de níveis incrivelmente altos, favorecendo morte súbita dormindo. Quase sempre os profissionais do sono visualizam apenas as dispneias causadas por má formação palatar, induzindo cirurgias.

Alimente-se corretamente. Evite gorduras, carnes vermelhas. Use carnes brancas, de vez em quando. Peixes de águas frias, como salmão, sardinhas, do Chile ou outros países de clima frio, contêm o desejável *ômega 3*, de ação anti-inflamatória. Mastigue calmamente. Não se aflija ao comer. Busque um local aprazível e use conversação relaxante, busque amenidades.

Cuidado com carboidratos (massas e pães), frituras e gorduras, biscoitos e recheios. Reduza o sal. O organismo precisa de, no máximo, 5g de sal por dia, segundo estudos da ONU. Mas, na prática, ingerimos até 20g, contidos nos *ketchups*, alimentos conservados, defumados.

Prefira frutas e verduras. Dê preferência aos brócolis e couve-flor, grãos e cereais, leite e derivados *lights* (sem açúcares) e *diets* (sem gordura).

Exercite-se, ao menos durante 40 minutos, no mínimo três vezes por semana. Ande rápido, preferencialmente. Desça escadas. Caminhe até a mercearia, farmácia ou banco, do quarteirão. Movimente-se. Faça uma prévia avaliação. Evite esforço desusado para recuperar rapidamente o tempo perdido.

Previna-se em face dos estados gripais. Agasalhe-se adequadamente. Evite gelados. Cuide-se nos ambientes com ar condicionado ou ventiladores. Nos primeiros sintomas, adote as recomendações médicas, com vitamina C e repouso. A gripe favorece doenças cardiovasculares, enfatiza o Dr. Antônio Mansur, da Universidade de São Paulo.

Cuidado com os recipientes de plásticos. Não ponha alimentos muito quentes neles, nem nos *freezers*, já que esses recipientes desprendem toxinas cancerígenas, que também podem prejudicar o coração (*bisfenol-A*). Não morda cápsulas ou bocais plásticos.

Cuide das gengivas. Visite o seu dentista ao menos duas vezes ao ano. Escove corretamente dentes e gengivas. Prefira fio dental ao palito. Bocheche com desinfetante upara retirar resíduos açucarados. Limpe os dentes após as refeições e antes de dormir. Gengivites ou periodontias apresentam riscos, até seis vezes maiores, de enfartar, afirma o Dr. Guilherme Succi, da Sociedade Brasileira de Cirurgia Cardiovascular.

Nem pense em cigarro ou outras drogas ilícitas (*crack*, *ecstasy*, cocaína, maconha). Aumentam terrivelmente os riscos cardíacos.

Álcool vicia e prejudica. Beber socialmente induz uma continuidade. O álcool agride a mucosa da boca, laringe, faringe, traqueia e estômago. Prejudica o fígado. Perturba a mente. Entorpece os neurônios. Ele tem o mesmo efeito que um coquetel *molotov*, diz um estudo da Universidade da Austrália. A ingestão crônica produz arritmias e enfartos.

70

MUDAR A CABEÇA

Evangelho: É um livro que só se lê bem com o coração.
Luiz Gonzaga Pinheiro

Setenta e quatro por cento dos brasileiros com mais de 40 anos de idade, de acordo com o Ibope, não praticam exercício algum.

Ainda segundo o mesmo instituto de pesquisa, 72% não consomem as adequadas porções diárias de frutas e legumes, apesar de 84% afirmarem que estão dispostos a melhorar seus hábitos alimentares.

Assim, muitas vezes, dizemos, mas não fazemos. Outras, nem mesmo o mínimo esforço, ficando-se no - "amanhã eu vou começar!" E, aí, vai adiando até cair no esquecimento parcial, até renovadas promessas.

Muitas vezes imaginamos que o dinheiro ou o poder pode mudar radicalmente as pessoas. E nem sempre é assim. Acaba de desencarnar o famoso astro de cinema, Larry Hagman, vítima de câncer.

Hagman fazia papel de vilão na conhecida série *Dallas*, como o odiado, como um inescrupuloso homem de negócios, denominado J. R. Ewing. Partiu tranquilamente, cercado dos seus entes queridos, sendo de sua lavra o pensamento: "A morte é outro estado de desenvolvimento e não o fim".

O ator tinha uma vida estável, casado desde 1954 com uma decoradora sueca, com quem tinha dois filhos.

71

As quatro esposas

Cordialidade: É quando amamos muito uma pessoa e tratamos todo mundo da mesma forma que a tratamos.

Luiz Gonzaga Pinheiro

Um rei do Oriente, muito rico, possuía quatro esposas, às quais concedia todo conforto e luxúria a que poderiam aspirar.

Doente, gravemente, chamou cada uma individualmente, ao seu leito mortal, confessando o término dos seus dias e indagando se elas o acompanhariam na eternidade.

A última delas, a quarta, perguntada, respondeu-lhe ser impossível acompanhá-lo, pois ainda era muito jovem e gostaria de desfrutar mais um pouco das delícias da vida.

A terceira esposa, também ainda jovem, segredou-lhe que infelizmente não poderia ir com ele, visto que tinha ainda muitos planos por realizar e precisaria de um pouco mais de tempo para isso.

A segunda esposa, conquanto demonstrasse estar muito pesarosa, afirmou-lhe que de forma alguma iria junto com ele, para a outra vida, já que amava muito os bens amealhados, aos quais se apegara bastante.

A primeira e mais antiga esposa disse-lhe que estava unida a ele, eternamente, e não o abandonaria em momento algum.

Assim é a vida.

A quarta esposa representa o corpo, que o adquirimos ao nascer, mas que o abandonaremos ao morrer.

A terceira esposa é como a família, que, apesar de nos amar, apenas vai nos enterrar.

A segunda esposa é como os nossos bens materiais, o patrimônio, a riqueza, que fica tudo aí.

A primeira esposa é o Espírito, que muitas vezes abandonamos para correr atrás da riqueza, do poder e dos prazeres. E, apesar de tudo, Espírito é o que sempre seremos.

72

A CIÊNCIA DA ALMA

Entendimento: é quando uma velhinha caminha devagar na nossa frente, e a gente, estando apressado, não reclama.

Luiz Gonzaga Pinheiro

Pesquisa inédita, usando metodologia científica, sofisticados equipamentos médicos e acompanhamento de especialistas, adentrou os meandros do cérebro humano durante transe mediúnico, demonstrando e comprovando alterações fisiológicas compatíveis com de outra personalidade, a qual estaria ocasionalmente "habitando" aquele corpo físico.

Em Filadélfia, Pensilvânia (Estados Unidos), pesquisadores brasileiros e norte-americanos avaliaram dez médiuns, investigando a chamada comunicação com os mortos.

Com exames de neuroimagem, tomografia computadorizada, avaliando pósitrons durante o transe mediúnico, de modo pioneiro, os cientistas Júlio Peres, Alexander Moreira-Almeida, Leonardo Caixeta, Frederico Leão e Andrew Newberg - representando universidades de São Paulo, Minas Gerais e Goiás, no Brasil, além da própria Filadélfia Universidade, da Pensilvânia - buscavam investigar alterações específicas neurológicas, com imagens, durante o transe medianímico.

E, durante a psicografia, tomada com os médiuns voluntários, inusitadamente os mesmos apresentavam menos ativação nas áreas cerebrais de planejamento e criatividade. As conclusões desses estudos (que serão publicados na revista científica americana *Plos One)* representam uma tendência moderna de aliar os recursos da Medicina e da Tecnologia aos fatos da vida após a vida, ou comunicação com os chamados mortos.

Essas pesquisas vêm se constituindo em objeto de teses de mestrado, doutorado e pós-doutorado, publicadas em forma de monografias, nas diversas universidades brasileiras, notadamente de Campinas (SP). Os estilos demonstrados pelos autores espirituais em *Parnaso d´Além-Túmulo*, livro psicografado por Chico Xavier, com 259 poemas e 83 autores desencarnados, não deixam dúvida sobre a autoria espiritual, protagonizada por autores como Guerra Junqueiro, Humberto de Campos, Augusto dos Anjos.

Talvez por isso, o famoso psiquiatra Sigmund Freud houvesse dito que, se pudesse recomeçar tudo de novo, iria estudar a paranormalidade. Da mesma forma, Maria Curie e seu esposo Pierre Curie, descobridores do *radium*, ganhadores de dois Prêmios Nobel, por suas pesquisas no Instituto de Metapsíquica de Paris, teriam, diante de nova oportunidade, dedicado boa parte do seu precioso tempo no estudo da mediunidade.

Sir Williams Crooks, título que lhe foi concedido pela rainha da Inglaterra por seu valioso trabalho, a descoberta do Tálio, elemento químico importante, demonstrando o ectoplasma que exalava das narinas da médium Florence Cook (nas materializações do Espírito Katie King), reconheceu a existência do Espírito.

No mundo, 50% das pessoas se declaram crentes na vida após a vida. Albert Einstein concluía que Ciência sem Religião é capenga. Fé, sem Ciência, é cega.

73

Banzo

Filhos: é quando Deus entrega uma joia
em nossas mãos e recomenda cuidar dela.
Luiz Gonzaga Pinheiro

Doença da saudade, o Banzo acometia escravos africanos trazidos para o Brasil-Colônia. Estes, conquanto acostumados à submissão, não conseguiam esquecer a terra-mãe.

Neto, famoso artilheiro do Esporte Clube Vitória, de Salvador (BA), contratado a peso de ouro para jogar no Japão, sabendo que seu time favorito havia sido incluído na Primeira Divisão do campeonato brasileiro, em entrevista televisiva num apertado quarto da capital nipônica, barbudo e visivelmente abatido, confessou seu desejo de retornar ao rubro-negro baiano.

O famoso jogador de futebol, Zico, que brilhou no Clube de Regatas Flamengo, do Rio de Janeiro, ex-técnico da Seleção do Iraque, rompeu seu contrato e retornou ao país de origem, alegando atraso no pagamento de salário.

Adriano, famoso na Itália, onde jogava futebol por um dos times mais prestigiados, sendo apelidado *Imperador*, numa referência a um dos césares do Império Romano, retornou ao Brasil, voltando a residir exatamente em uma favela da cidade do Rio de Janeiro, onde tinha suas origens, seus amigos, sua vida.

Assim acontece, também, com os nossos interioranos, que, no primeiro longo feriado, viajam para a terrinha, a fim de abraçar amigos e parentes, sem falar-se na presença obrigatória no Natal e festejos juninos.

É que, mais do que conforto material, nem sempre encontrado na terra de origem, onde são precários os recursos de habitação, energia elétrica, água encanada e sistema de esgotamento sanitário, valem mais outros valores imateriais, cultivados nas afeições.

Por algum motivo superior nascemos aqui ou ali, convivemos com pessoas, que nos cercam, não por acaso, mas atraídos por uma força desconhecida, um liame atávico-histórico nem sempre percebido, oriundo de vivências passadas.

Somos membros de uma grande família, não apenas dos laços da consanguinidade, mas, também, afetivos, de outras caminhadas na senda evolutiva da espécie humana. Isso explica o inusitado afeto por amigos, que nem sempre dispensamos aos irmãos de sangue, cuja reencarnação, numa mesma família, muitas vezes prende-se aos complexos processos reencarnatórios, de refazimento de liames espirituais, compromissos do passado, fundados na lei de causa e efeito, buscando ressarcir dívidas de outrora.

Essa visão reencarnacionista nos propiciaria maior felicidade pessoal, se aceitássemos os fatos com brandura e resignação. E, dentre os povos beligerantes, por motivos pueris, étnicos, religiosos, ambições territoriais, como no milenar atrito entre palestinos e israelenses, se encontraria um fundamento mais forte para a vivência harmônica e pacífica, sem fronteiras.

Enfim, a teoria da reencarnação, hoje demonstrada cabalmente pela ciência, é importante alavanca para propiciar a paz.

74

Gerontofobia

Fé: É quando a gente diz que vai escalar um Everest,
e o coração já o considera feito.
Luiz Gonzaga Pinheiro

Gerontofobia, ou medo de envelhecer, é uma síndrome que acomete pessoas adultas, que não aceitam o natural processo do chamado ciclo da vida.

É a síndrome quando se tenta, a todo custo, evitar os sinais normais de envelhecimento, como cabelos brancos, rugas, vigor físico e sexual.

Nos Estados Unidos acomete um quinto da população adulta, afetando aspectos do pânico, medos, fobias e até depressão.

A psicóloga Marcela Lechuga enumera três fatores que influenciam a gerontofobia: o culto à eterna juventude; as pressões internas da própria *psique*, buscando manter a forma física, ou reviver o passado; e o estresse mal administrado. Atinge, principalmente, o homem com mais de 45 anos, conquanto acometa também as mulheres.

O problema é que somos induzidos, pela denominada sociedade exitista, que põe o sucesso pessoal, material, acima de valores mais duradouros, morais e espirituais.

Abominando a velhice, foi preciso que se editasse uma Lei dos Idosos, para que cessasse a discriminação, então praticada, no mercado de trabalho e na vida comercial e social. Da mesma forma, foram necessárias medidas contra a discriminação da mulher, que não tinha sequer direito ao voto.

Ainda persistem severas restrições à mulher, como se observa no mundo muçulmano, em que ela deve cobrir o rosto com a burca e não pode dirigir veículo automotor, nem ao menos andar ao lado do homem.

Mas, voltando à gerontofobia, temos notado muitos idosos comportando-se como se ainda vivessem os tempos de juventude, uma atitude que denota inconformismo com o natural avanço da idade. Há aqueles que chegam a trajar-se como outrora, à moda das "cocotas" e "gatões", o que revela sintomas patológicos severos. Outros, mais dissimulados, se limitam aos lamentos quase constantes, de reminiscência ao passado: "Ah, no meu tempo..."

Como profilaxia preventiva, devemos:

Aceitar as perdas.

Buscar caminhos novos.

Encontrar modos de recuperar a autoestima.

Não se estagnar no passado, em eterna visão nostálgica.

Mudar o ritmo, reconhecer as limitações físicas.

Dar mais vida aos anos e não apenas proporcionar mais anos à vida.

Aprender a perder.

Comparar o custo-benefício entre lutar ou aceitar, conformar-se.

O cérebro pode continuar jovem. Os neurônios não morrem. A falta de uso pode neutralizar vastas áreas cerebrais, ocasionando o mal de Alzheimer. Testes com motoristas de táxi, em Londres, atestaram ser a categoria profissional mais ativa intelectualmente, devido ao fato de terem que exercitar, continuamente, com os usuários e seus endereços, os arquivos cerebrais.

Você pode assumir e controlar sua vida pessoal, mesmo idoso, organizando-se, para não depender de outrem e sentir-se diminuído, elevando ou mantendo sua autoestima. Existem abrigos de idosos, bem alegres e movimentados, que podem ser bancados por sua aposentadoria, embora o lar seja o melhor ambiente para envelhecer-se de modo saudável, com a família em volta.

Atitudes preventivas, podem favorecer o bem envelhecer. Uma dieta saudável, exercícios físicos compatíveis, lazer seletivo e adequado aos desejos e necessidades, participar de clubes de serviços, recreativos, de lazer, beneficentes, religiosos. Sentir-se útil. Aprender algo novo, idiomas, artesanato. Trabalhar na própria residência, ajudar nas tarefas, empreender pequenos consertos domésticos.

Continuar andando, ou, *keep walking*.

75

Cérebros longevos

Lealdade: É quando a gente prefere morrer a trair a quem ama.
Luiz Gonzaga Pinheiro

Aos 105 anos de idade desencarna, em Santo Amaro da Purificação, a senhora Claudionor Veloso, mais conhecida como dona Canô, mãe dos artistas internacionais Caetano Veloso e Maria Bethânia, que nos dá a fórmula da longevidade: não brigar, não se aborrecer, viver alegre e feliz.

Na Universidade de Kyoto, Japão, pesquisadores dizem que "suar a camisa" reduz "dentro da cabeça" a formação de placas beta-amiloides, responsáveis pelo mal de Alzheimer. Verificou-se que, quando não sedentários, enfermos têm os sintomas amenizados - conclui a doutora Tânia Benedetti, educadora física da Universidade Federal de Santa Catarina.

No ano de 1970, o Instituto Nacional de Saúde, dos Estados Unidos, testando pulmões e corações de 60 mil voluntários, separados em três grandes grupos, um considerado ruim, outro medianamente treinado e um terceiro portador de um belo fôlego, registrou-se, ao longo de uma década, 4.047 desencarnações, dos quais 164 portadores de demência.

Maioria das mortes concentrou-se no grupo de baixa capacidade pulmonar ou respiratória, revelou a doutora Rui Liu, coordenadora do trabalho, a qual esclareceu que os exercícios físicos incrementam a circulação sanguínea na caixa craniana, garantindo-se melhor aporte de nutrientes aos neurônios.

Dentre os mortos, 75% tinham baixa atividade física; 14% tinham preparo físico regular. E somente 11% eram do grupo considerado de bom preparo físico.

Em Maués, no interior do Pará, uma população era tida como longeva devido ao alto consumo de uvas pretas, reconhecidamente portadoras de *resveratrol*, substância que favorece a longevidade. Mas um estudo mais aprofundado concluiu que essas pessoas trabalhavam na vindima, fazendo diariamente pequenas caminhadas.

Claro que não é apenas um aspecto tomado isoladamente, mas um conjunto, que envolve atividades físicas regulares, bom humor, alegria no coração e alimentação frugal.

76

HISTÓRIA DE NATAL

Inimizade: É quando a gente empurra a linha do afeto para bem distante.
Luiz Gonzaga Pinheiro

O reverendo Howard Schade, na véspera do Natal, foi à Igreja verificar os estragos que a chuvarada com ventania, da madrugada, pudesse ter causado às instalações, consolando-se com apenas a derrubada de um enorme reboco da parede, por trás do púlpito, que desafiava tão somente um serviço de pedreiro e pintura.

Mas, para o dia seguinte, de Natal, precisava urgentemente cobrir o estrago, de alguma forma. Assim, ao dar uma olhada em um leilão que se realizava nas proximidades, fez um lance de 6,5 dólares e levou uma enorme e vistosa toalha de mesa, com quase cinco metros, toda bordada a fio de ouro-marfim, que dependurou, ocultando o reboco que caíra e até dando um ar mais alegre à parede.

No dia seguinte, logo pela manhã, ao abrir a Igreja, viu uma senhora no ponto de ônibus, em frente. E como fazia um frio de enregelar os ossos, explicou-lhe que o coletivo só passaria bem mais tarde, naquele roteiro, convidando-a a agasalhar-se no templo.

A senhora aceitou, com alegria, acomodando-se num dos bancos da frente. E, notando a enorme toalha dependurada, levantou-se e exclamou entusiasmada:

– Essa toalha já foi minha!

E, dirigindo-se ao altar, convidou o pastor a observar por trás de uma das pontas, no verso, monograma que identificava sua origem. A toalha fora adquirida na Bélgica, por seu esposo.

Esclareceu ao pároco que ela e o marido foram perseguidos pelos alemães, durante a ocupação nazista, tendo de fugir da capital austríaca, embarcando em um trem para um dos cantões da Suíça, até que ele conseguisse um transporte para a mudança com os pertences do casal. Mas nunca mais o vira, aceitando a opinião que fora mandado para um campo de concentração, onde morrera.

Falou ainda a senhora que ali estava à procura de emprego, havendo sido entrevistada por uma família abastada, mas recusada - por não ter, ainda, o domínio pleno do idioma - para ser governanta dos filhos do casal.

À noite, após a celebração natalina, um velho frequentador da Igreja aproximou-se do reverendo e indagou-lhe onde conseguira aquela toalha, que parecia ter sido sua, dado o bordado inconfundível. E este relatou a história da mulher que estivera na Igreja, pela manhã.

O homem agarrou-lhe pelo braço, firmemente, dizendo-lhe:

- É a minha inesquecível esposa! Preciso encontrá-la... Não sabia que estava viva!

Foram, então, à casa da família abastada, onde se conseguiu o endereço da candidata ao emprego, promovendo-se o feliz encontro, depois de mais de uma década de separados.

Acasos não existem. O Natal nos proporciona momentos de felicidade incomensuráveis. O tempo não apagou o amor que havia entre os dois. E a toalha de mesa, o estrago do temporal e o acolhimento fraterno na Igreja completaram o cenário de nova e duradoura união.

77

Transgênicos

Lágrima: É quando o coração pede aos olhos que falem por ele.
Luiz Gonzaga Pinheiro

Tidos como vilões e até proibidos do ingresso no país, no ano 2000, alimentos considerados geneticamente modificados, ou transgênicos, vieram para ficar.

Técnicos da Empresa Brasileira de Pesquisa Agropecuária (Embrapa) mudaram a imagem que se fazia, desde duas décadas passadas. Adicionando, subtraindo, substituindo ou modificando, os engenheiros dos alimentos conseguem evitar as pragas, reduzindo a importação e uso dos chamados defensivos químicos, que combatem as doenças e favorecem a resistência dos vegetais, bem como ampliam a produtividade por hectare, melhorando o lucro e a saúde dos consumidores.

A trivial folha de alface, por exemplo, passa a apresentar 30% a mais de ácido fólico. Portanto, os defensivos melhoram em qualidade e em quantidade o perfil nutritivo dos vegetais, com efeitos benéficos na saúde e no bolso do produtor e do consumidor.

A soja, excelente item de exportação brasileira, enriquecida com *ômega-3*, diminui os triglicérides e o colesterol ruim. Os ambientalistas não se acalmavam. Liberados no ano 2005, eles exigiram a identificação nos rótulos, quanto aos transgênicos, com a letra "T" dentro de um triângulo amarelo, indicador de perigo, nas embalagens.

Mas o cultivo hoje, da soja transgênica, é considerado um dos maiores do mundo, atrás apenas dos Estados Unidos. Representa 88% de toda a soja produzida no país, ficando o algodão com 50% e o milho com 85%.

Outros benefícios se lhe seguiram, como o tomate enriquecido com vitamina A. A batata-doce, com o mesmo teor de ferro que o feijão. A abóbora mais rica em vitamina C.

Com o crescimento dos alimentos geneticamente modificados, no Brasil, segundo o engenheiro Marcelo Gravina, da Universidade Federal do Rio Grande do Sul, 17,7 bilhões de quilos de dióxido de carbono deixaram de ser jogados na atmosfera. Isso equivale a 7,8 milhões de veículos automotores, deixando emissões poluentes. Economizaram-se 12 bilhões de litros d´água e 104 bilhões de litros de óleo diesel.

O ambiente também sai ganhando.

78

TOQUES TERAPÊUTICOS

Mágoa: é um espinho que a gente coloca
no coração e se esquece de retirar.
Luiz Gonzaga Pinheiro

Na década de 70 a doutora Dolores Krieger, da Universidade de Nova York, promoveu pesquisas sobre o chamado Toque Terapêutico, batizado como Método Krieger-Kung de harmonização pelo contato físico.

Com efeito, descobriu-se que o acúmulo de íons positivos no corpo humano geram modificações no campo da energia humana.

A Dra. Ana Cristina Sá, Ph.D. em Enfermagem, pela USP, professora da Faculdade São Camilo, comprovou a eficácia do método em mulheres portadoras de carcinomas mamários submetidas a quimioterapia, baseando-se na Física Quântica. Efeitos benéficos também observados em pacientes em tratamento psiquiátrico.

O contato físico favorece os processos enzimáticos da Química Celular, aplicado a todas as patologias que acometem os humanos (diremos animais também).

O engenheiro Hernani Guimarães Andrade, em seu famoso livro sobre o "campo modelador das formas", esclarece que, segundo a tríade corpo físico–perispírito–espírito, disciplinada pelos Espíritos, como transcrito na obra kardequiana, vários fatores influem na transformação que se opera, como na oração ou prece, na água fluidificada, nas vibrações superiores, na imposição de mãos ou passe, mediúnico, ou não, repercutindo imediatamente no perispírito e mediatamente no corpo físico. "Somos o que pensamos", conclui-se.

Por razões éticas, o aplicador deve escusar-se de tocar o receptor, ou paciente, o que não é o caso de clientes que buscam terapias que impliquem, por si sós, o toque terapêutico.

Podemos mencionar alguns benefícios desse toque terapêutico:

Suporte energético, que ajuda as células a reagir às dificuldades físicas, mentais, emocionais e até imunológicas.

Incremento das endorfinas, enzimas da sensação do bem-estar e prazer.

Otimização da terapêutica medicinal química.

Aumento dos anticorpos, combatendo as infecções.

Aceleração da cicatrização nos procedimentos cirúrgicos.

O espírito André Luiz diz que passe magnético é transfusão de energia.

O que se é feito pelo bem, não se olha a quem.

79

Insônia (I)

> Maldade: é quando arrancam as asas
> do anjo que deveríamos ser.
> **Luiz Gonzaga Pinheiro**

Revolver na cama, sem conseguir pegar no sono, é uma ocorrência que atinge milhões de pessoas em todo o mundo.

As causas vão desde a ansiedade, o estresse, a depressão até as próprias condições mesológicas, como falta de conforto térmico e silêncio no ambiente, aliado, muitas vezes, à luminosidade no quarto de dormir.

Circunstâncias eventuais, como perdas de entes familiares ou de emprego, mudanças de domicílio, questões não bem resolvidas.

A regência da mente representa um ponto importante no controle do sono.

Facilmente pessoas aderem aos comprimidos, geralmente da família dos diazepínicos, consumidos de modo excessivo e até abusivo. Em alguns casos tornamo-nos viciados.

Poucas vezes buscamos apoio psicológico para realizar uma análise do problema e procurar soluções.

Essas noites mal dormidas, quando continuadas, afetam o sistema cardíaco, reduz a produtividade no trabalho, dificulta a memória e o aprendizado.

Identificadas suas causas e suprimidas algumas delas, quando não podemos a todas eliminar, já é um passo substancial.

Um aspecto nem sempre mencionado do sono se refere às camas separadas de casais, costume muito verificado na Europa e Estados Unidos. É que conquanto haja um maior aconchego do casal, numa mesma cama, durante a noite ocorrem pequenos movimentos, de um ou de outro, que provocam rápidos despertamentos, em alguns casos nem percebidos, reduzindo a qualidade do sono reparador, profundo. Nesses casos, camas separadas são indicadas, pelos "médicos do sono".

Outras vezes, o simples roncar, devido a condições fisiológicas da arcada bucal de um dos parceiros, acaba incomodando o outro. Nessa circunstância, pequenas cirurgias palatais podem significar muito.

Além do silêncio, da escuridão e do conforto térmico, a escolha de um travesseiro agradável, conforme seu gosto, na altura, na plumagem ou enchimento; na largura, no tecido da fronha, tudo influi numa boa noite bem dormida. Por isso, ao viajarem, algumas pessoas levam seu travesseiro.

O perfume ou odores também são importantes. Os controles antialérgicos, como antiácaros, ensejam uma noite mais agradável e restauradora das energias.

Estudiosos alegam que hoje se dorme um pouco menos, talvez umas sete horas. Mas, o importante é que esse tempo de sono seja completo, oportunizando a imersão no sono profundo, no "movimento rápido dos olhos" (REM), quando o globo ocular se mexe dentro das pálpebras, denotando trabalho noturno, pois o espírito viaja, se locomove, embora ligado ao corpo físico, através do qual permanece ligado por um tênue fio de luz, denominado *cordon bleu*.

80

Aparência não engana

Morte: Quer dizer viagem, transferência ou qualquer coisa com cheiro de eternidade.

Luiz Gonzaga Pinheiro

Sinais bastante simples do seu corpo podem indicar várias doenças sistêmicas. Veja algumas delas:

Descamação - Desde uma dermatite até um quadro clínico mais sério, como psoríase, que é um tipo de inflamação crônica, a leitura da pele pode identificar problemas. Até de ordem psicossomática, que se exteriorizam e se apresentam externamente, enquanto recolhidos nos recônditos da mente. Fique atento. Identifique com seu dermatologista. E aja rápido.

Dentes escurecidos - Pode demonstrar descuido, cáries e/ou infiltrações. Pode também assinalar doença celíaca, se associada à diarreia crônica e distensão abdominal. Visitas regulares ao dentista previnem.

Pele oleosa - Pode indicar desequilíbrio hormonal, que pode vir acompanhado de aumento de peso e crescimento anormal de pelos. Além do dermatologista e ginecologista, um endocrinologista também é recomendado.

Pés rachados - Desidratação, excesso de peso, uso inadequado de calçados e até mesmo diabetes.

Olheiras - Fragilidade na região ocular. Alergias, inclusive ao glúten.

Lábios rachados - Desidratação em tempo frio e baixa de umidade do ar.

Marcas escuras - Podem transformar-se em melanoma e possibilidade de câncer de pele. Mormente se de bordas irregulares, crescentes.

Manchas nas mãos - São, em geral, consequências de apanhar muito sol. Não confundir com manchas senis.

Unhas fracas - Anemia, ausência de ferro, e outras carências nutricionais, como Cobre, Zinco. Também sinalizam problemas na tireoide.

Pés e pernas inchados - Podem indicar má circulação. Ou mau funcionamento da tireoide. Esses sinais também indicam baixa proteína, especialmente albumina.

Sangramento nas gengivas - Bactérias acumuladas, baixa imunidade, ausência de vitaminas C e diabetes.

Rugas - Excesso de exposição ao sol, envelhecimento. Estresse, que acelera os radicais livres, perda da vitalidade, colágeno e viço da pele. Podem indicar osteoporose.

Baixa de peso - Alterações metabólicas importantes, diabetes, hipertireoidismo. Depressão. Anorexia.

Peso excessivo - Compulsão alimentar. Sedentarismo. Desordem endocrinológica (1%). Má alimentação. Abuso de gorduras e açúcares, massas e bebidas caloríficas (destilados e fermentados).

81

Sonhos

Netos: É quando Deus tem pena dos avós
e manda anjos para alegrá-los.
Luiz Gonzaga Pinheiro

José, escravo prisioneiro hebreu, teria interpretado o sonho de um faraó egípcio, que vira sete vacas gordas emergindo de um rio, logo depois engolidas por sete vacas magras, que chegavam. A imagem deixou o soberano assustado. Depois, novamente, sonhara com sete espigas de trigo, num só talo, surgindo, também depois, sete outras que engoliam as primeiras.

Interpretados como sete anos de fartura e sete de seca braba, os sonhos fizeram com que o monarca se resguardasse e ao seu reino, armazenando alimentos e se preparando para a catástrofe que realmente veio ocorrer sete anos mais tarde.

Desde Aristóteles, século III antes de Cristo, os sonhos eram considerados estados do corpo, podendo servir como auxílio no diagnóstico de doenças, fato também aceito por Hipócrates, considerado pai da Medicina.

Dois séculos mais tarde, Ariemidoro escreveria *Oneirocriticum*, considerado a primeira obra sobre a interpretação dos sonhos. Celtas, druidas e pajés de tribos africanas e indígenas brasileiros, xamãs norte-americanos e civilizações do Novo Mundo, como Maias e Incas, percebiam o homem como fazendo parte da natureza. E os sonhos eram tidos como avisos, comunicações.

Carl Gustav Jung, fundador da Escola Analítica, de Psicologia, acrescentou expressões como: introvertido, extrovertido, consciente, inconsciente coletivo, explicando que este último era herança dos ancestrais, conjunto de sentimentos, pensamentos e lembranças compartilhados com toda a humanidade. Jung chamou esse inconsciente coletivo de reservatório de imagens latentes, chamadas *arquétipos,* herdando-se predisposições das pessoas para esse ou aquele proceder.

Lançou também o conceito de *sincronicidade,* não limitado aos sonhos, mas, igualmente, à vida desperta, acontecimentos vinculados à vida interior e exterior.

Na sociedade pós-iluminista, século XVIII, marcada pelo aparecimento da Razão e os chamados racionalistas, da Ciência pura, rechaçando as explicações de caráter místico ou religiosas, Freud, pai da Psicanálise, seria ridicularizado e levado ao ostracismo científico, da mesma forma que seu discípulo Jung, por atribuir que nem tudo provém do orgânico, mas do psiquismo. Para tanto acrescentou conceitos de *ego, superego, inconsciente, forças em conflito.*

Em seu livro *A interpretação dos sonhos,* Freud estabeleceu a divisão entre o consciente e o inconsciente, um "divisor de águas". Assim, os fatos contidos no inconsciente manifestam-se no consciente em forma de neuroses, psicoses ou enfermidades físicas.

Allan Kardec dedicou ao tema um capítulo inteiro em *O Livro dos Espíritos* sob o título "Sonhos espíritas". Na questão de nº 401, interrogou as vozes celestiais:

– Durante o sono a alma repousa com o corpo?

Resposta:

– *Não, o Espírito jamais está inativo. Durante o sono, afrouxam-*

-se os laços que o prendem ao corpo e, não precisando este então da sua presença, ele se lança pelo espaço e entra em relação mais direta com os outros Espíritos.

O Dr. Flávio Alóe, neurofisiologista do Instituto de Psiquiatria do Hospital das Clínicas de São Paulo, explica que durante a fase REM (*Rapid Eyes Movement*) do sono, o cérebro está ativo e o corpo parado, não acompanhando os movimentos, indicando claramente que a pessoa está sonhando. Esse estágio só é atingido em sono profundo, após 30 a 40 minutos.

São várias as funções identificadas no sono: descarregar o excesso de informações, reverberação ou reativação de determinados circuitos, arrumando o arquivo temporário, em face do permanente, após processadas e classificadas as informações, da memória de curto prazo para a de longo prazo - como assinala o Dr. Dráuzio Varella.

Também se presta às compensações, realizando coisas às quais não se pôde ou conseguiu realizar. Outras vezes servem para visualizar situações que vão acontecer, auxiliados por outros espíritos mais evoluídos, benfeitores, que advertem e orientam.

82

Broken heart

Orgulho: é quando a gente é uma formiga e
quer convencer os outros de que é um elefante.
Luiz Gonzaga Pinheiro

Sentimentos de abandono, amores não correspondidos, solidão, perdas afetivas, tudo se reflete no corpo físico, como efeito psicossomático.

O chamado *broken heart*, ou síndrome do coração partido, pode apresentar-se como angústia, depressão, anginas, sendo, às vezes - como diz a Dra. Soraya Carvalho, psicóloga e psicanalítica - confundida como predisposição ao infarto do miocárdio, encaminhado para emergências, como acontece em 30% das pessoas com esses sintomas, chegando ao pânico severo.

Algumas vezes beirando o suicídio, encaminhadas para o Núcleo de Prevenção ao Suicídio, setor da Secretaria de Saúde do Estado da Bahia, conclui a doutora Soraya, esclarecendo que 40% provêm de questões amorosas, e 20%, de problemas familiares.

Estudo dirigido pelo dr. Ethan Kross, da Universidade de Michigan, EUA, com auxílio da tomografia e ressonância magnética, demonstra que as mesmas regiões cerebrais se manifestam, tanto na dor sentimental, quanto no achaque físico.

Às mesmas conclusões chegaram pesquisadores da Rutgeres University, em Nova Jersey, EUA, anotando que a rejeição sentida por uma pessoa mal-amada, pode assemelhar-se a um vício, de que se tenta libertar, mas com dificuldades.

Estudo publicado no *Journal of NeuroPhysiology*, examinando as emanações cerebrais de uma pessoa vítima de "coração partido", perda sentimental ou afetiva, indicam que ao examinar fotos da pessoa, causadora da insatisfação, tomando de 15 voluntários, submetidos à ressonância magnética, tomografia computadorizada, as cores apresentadas variavam conforme exibidas as fotos, reações fisiológicas catalogadas pelo equipamento.

A psicoterapeuta Sônia Nogueira esclarece que as reações divergem para cada pessoa, dependendo do seu grau de sensibilidade e da sua capacidade de reagir, de adequar-se à situação. Alguns reagem melhor do que outros a mudança de residência, de cidade, de emprego. Outros arrumam logo outra companhia.

"Jogar as frustrações para debaixo do tapete" pode parecer estar-se solucionando o problema, mas está apenas contornando ou adiando. Uma psicoterapia adequada e continuada pode ser mais eficaz, a partir do reconhecimento e identificação do fato motivador, e uma tomada determinada de decisão, conclui a Dra. Sônia.

Ninguém é dono de ninguém. Jesus, encontrando-se na casa de Pedro, em Cafarnaum, foi avisado de que sua mãe e irmãos estavam à porta. Ele questionou os interlocutores, ministrando, como sempre, lição de sabedoria: "Quem é minha mãe e quem são meus irmãos?" Como a dizer: Minha família é a humanidade inteira!

Vamos fortalecer o nosso Espírito, desenvolver a nossa personalidade. Aprender a conviver com as vicissitudes da vida, que são passageiras. A lei da reencarnação aponta a existência de várias famílias, na multiplicidade das nossas várias existências.

83

Revelações

Ódio: É quando plantamos trigo o ano todo e,
estando os pendões maduros,
a gente vê queimar-se tudo em um dia.
Luiz Gonzaga Pinheiro

Semiótica é a ciência que nos ensina a usar de símbolos para fazer-nos entender melhormente.

Jesus, o maior pedagogo de que se tem notícia, usou das parábolas para transmitir a Boa-Nova. Eram apresentadas de forma simples, porém profundas. E dizia: "Ouçam os que têm ouvidos para ouvir, vejam os que têm olhos para enxergar".

Mas, sabendo que não poderia dizer tudo, porque não entenderiam, prometeu um Consolador. Este veio através da codificação espírita, que traduziu, de forma metodológica e continuada, os ensinos dos Espíritos, liderados pelo Espírito de Verdade, que, segundo alguns, é o próprio Jesus, redivivo.

Moisés, que fugiu da escravidão do Egito, levou o seu povo em peregrinação pelo deserto, por 40 anos, recebendo, no Monte Horeb, no Sinai, as Doze Tábuas da Lei, afastando os judeus do politeísmo, ainda que pela ação da espada.

Jesus, na Segunda Grande Mensagem, trouxe aos povos o amor, mandando volver a outra face e perdoar setenta vezes sete. E legou-nos o discurso das bem-aventuranças, eterno e imortal código de conduta. Prometeu a Terceira Revelação, que viria através da captação por Hippolyte Léon Denizard

Rivail, cognominado Allan Kardec, emérito professor, educado na Suíça, em Yverdun.

Foi em Yverdun, guiado pelo método da autobusca da Escola de Pestalozzi, de cujo instituto tornar-se-ia professor, substituto do mestre, que Allan Kardec fez-se escritor, autor de várias obras, como compêndios de Geometria, de Gramática e de Fisiologia.

Atraído pelo fenômeno das "mesas girantes", Kardec conversou com os Espíritos. Tomando de jovens médiuns, questionou-os em momentos e lugares diversos, adotando a metodologia científica da investigação, classificando e organizando a chamada codificação, estuário de conhecimentos quanto à origem e destino do ser, as causas do sofrimento, os fatos mediúnicos, apresentando, assim, uma nova doutrina, que é a mesma de Moisés e de Jesus, que Deus nos concedeu, pelos Espíritos iluminados dos benfeitores.

84

Aqui agora

Obsessor: É quando o espírito adoece, manda embora a compaixão e convida a vingança para morar com ele.

Luiz Gonzaga Pinheiro

Um homem caminhava pela floresta, quando de repente apareceu um enorme tigre, que passou a persegui-lo.

Ele correu o mais que pôde, até chegar a um grande precipício, de onde se atirou, para livrar-se do felino, agarrando-se, para sua sorte, a uma pequena parreira, ficando dependurado.

Ao olhar para baixo, verificou que, além da altura, um monte de jacarés, atraídos pelas suas pernas balançantes, abriam suas bocarras, exibindo afiadas presas, capazes de destroçá-lo em alguns minutos, caso se precipitasse sobre o rio.

Para piorar a sua situação, dois ratos, um preto e um branco, surgiram e começaram a roer o caule do pequeno arbusto, que ameaçava ceder, arrojando-se, ambos, na lagoa cheia de vorazes répteis.

Em meio a tanto desespero, divisou, ao lado, um pequeno pé de morangos, que nascera ali, ao acaso, com dois bonitos frutos pendentes. Estendendo uma das mãos, colheu os frutos, saboreando-os, um após o outro, deliciosos, o que o encheu de ânimo e satisfação, momentaneamente.

Assim é a vida, ensina-nos a filosofia taoísta. Olhando para cima, onde estava o tigre faminto, era o passado, aquém do qual não ganhava coisa alguma, retornando a ele. Mirando para baixo, estava o que haveria de vir, o futuro, que não chegara a se consumar, ainda não viera, e, portanto, não tinha por que se preocupar. Os dois ratos, o preto e o branco, simbolizavam o dia e a noite, a sucessão natural da vida, o continuar do existir, o passar do tempo. A parreira é a vida material, à qual nos apegamos, teimosamente, à vida física. Por fim, o morango. Suculento, beleza natural, o *aqui agora*, com que devemos nos preocupar. Colher o morango é aproveitar o momento.

É claro que o passado nos esclarece e orienta, com as experiências vividas. O futuro, conquanto ainda não houvesse chegado, havia de vir com certeza. Por isso necessitamos prevenir, conhecer, planejar. Os ratos, estes cumprem o seu papel, e são perecíveis, tal qual a parreira, vividos como a vida. Os frutos são o conhecimento que nós adquirimos, os quais vão enriquecer as nossas vidas eternamente.

85

KEEP CALM AND CARRY ON

Perdão: é uma alegria que a gente dá e
que pensava que jamais a teria.
Luiz Gonzaga Pinheiro

Conta-se que durante a II Grande Guerra, a Inglaterra, imaginando-se passível de ser invadida pela Alemanha nazista, idealizou e mandou imprimir três criativos cartazes, na forma de *pôster,* que foram pregados nas vitrines das lojas, encorajando os britânicos a resistirem.

O primeiro deles mostrava um desenho da coroa britânica, usada pelo rei George VI, soberano da época, com uns dizeres em grafia antiga, dizendo: *Sua coragem, sua alegria e determinação vão nos trazer a vitória.*

A segunda mensagem inscrita dizia: *A liberdade está em perigo. Defenda-a com toda sua força.* Distribuída no mesmo ano, setembro de 1939.

A terceira mensagem, inscrita em outro *pôster,* que não chegou a circular, pois não foi preciso, dizia: *Keep calm and carry on* (fique calmo e siga em frente). Esta seria usada caso se consumasse a invasão alemã.

Destinava-se ao heroico povo inglês, que tinha em *sir* Winston Churchill, o maior líder da resistência, o qual cunhou a frase "sangue, suor e lágrimas", para expressar o sentimento do povo britânico, ante a ignomínia dos ataques da aviação da *Luftwaf* (Força Aérea Alemã).

Esse terceiro cartaz ficou guardado, sendo descoberto empoeirado, causando enorme repercussão. Foi impresso, afinal, no ano 2000, 61 anos depois da sua criação, objeto de um documentário cinematográfico, de curta duração, exaltando o feito.

Portanto, ante as vicissitudes, fique calmo e continue andando. Siga sua vida. Dias melhores advirão.

Os ingleses vêm de uma tradição histórica, desde 1215, Reinado de João sem Terra, quando disseram ao rei que não mais aceitariam imposição de impostos ou taxações sobre o que produziam sem legítima representação no Parlamento. Foi, assim, a primeira Carta Constitucional do país e origem das demais, no mundo.

A liberdade, para eles, é tudo. Mais tarde, quando, novamente por questões religiosas, viram-se ameaçados, eles rumaram no navio *May Flower* para o novo mundo, fundando, com as 13 Colônias, a Confederação dos Estados Unidos. Os protestantes fugiram da intolerância católica, migrando para um Novo Mundo.

86

Insônia (II)

Pessimismo: É quando a gente perde a capacidade de ver em cores.

Luiz Gonzaga Pinheiro

Só em 2010 no Brasil foram consumidos 10 milhões de caixas do medicamento *clonazepam*, seguido pelo *bromzepam*, com 4,4 milhões, depois o *alprazolam*, com 4,3 milhões de unidades, de acordo com dados do Serviço de Produtos Controlados, da Agência Nacional de Vigilância Sanitária, (Anvisa).

São os chamados benzodiazepínicos, muitos deles de tarja preta, que só podem ser adquiridos com receituário médico e carteira de identidade, cujo baixo preço e facilidades estimulam o elevado consumo, podendo trazer, conforme o Dr. Francisco Hora, riscos e dependência química, perda de memória e até disfunções sexuais.

Conquanto droga lícita, esses medicamentos exigem cuidados no consumo - como alerta o Dr. Hora, diretor do Laboratório do Sono, da Universidade Federal da Bahia –, podendo acarretar efeitos maléficos em pacientes portadores de doenças crônicas, como diabete, pressão alta, problemas renais e hepáticas.

É que a insônia destrói a paciência, acaba com o bom humor, deixando-nos estafados. Daí os remédios contra a insônia e a ansiedade, que acomete 10% da população brasileira. Cerca de 40% são acometidos por estresse, e 20% envolvidos pela depressão.

A insônia em si não é uma doença, uma causa, mas sintomas de outros problemas, que necessitam ser mais bem administrados. Acostumamo-nos à solução oral, às drogas, por comodidade ou desespero, em crise aguda. Não nos esforçamos por identificar as causas, baseados no *conhece-te a ti mesmo*, dístico no Portal de Delfos, na Grécia antiga. Não buscamos alternativas menos perigosas, na maioria das vezes por não bem avaliar os riscos.

Em outro capítulo desta obra inserimos sugestões importantes, para acalmar o organismo e termos um bom sono, como um banho morno, antes do deitar-se, uma leitura amena, o corte na cafeína e cigarros, atividades físicas durante o dia e programas televisivos que despertem os neurônios, que se acomodam, com a necessidade de dormir.

Mas recomendamos buscar um ambiente acolhedor, silencioso, escuro. Programar-se, para deitar e acordar, habituando o organismo com o "relógio do tempo", salvo eventuais exceções. Roupas, de cama e de uso pessoal, limpas e trocadas regularmente.

87

SUSHI

Perfume: É quando, mesmo de olhos fechados,
a gente reconhece quem nos faz feliz.
Luiz Gonzaga Pinheiro

Vinte e quatro por cento da população do Japão tem mais de 65 anos de idade.

Cinquenta mil japoneses têm mais de 100 anos de idade, sendo considerada uma das populações mais longevas do mundo.

O homem mais velho do mundo, segundo o *Guiness Book*, é um japonês, com 116 anos de idade. Aposentado dos Correios, ele fazia longas caminhadas e, ultimamente, vem cuidando da horta da família, tomando sol matinal, agachando-se repetidas vezes, movimentando-se diariamente.

O povo japonês faz uso constante de alimentos considerados *light*, como peixes, inclusive consumindo-os crus.

A sociedade moderna é induzida a consumir enlatados e defumados, excesso de cloreto de sódio (sal), conservantes, estabilizantes, adoçantes, acidulantes, substâncias que aumentam o peso, obstruem os vasos, influem na pressão arterial.

Tornamo-nos obesos, dado às comodidades da vida tecnológica, seja no automóvel, seja nos controles remotos, seja nas facilidades dos *deliveries*. Evoluímos do *homo sapiens* para o *homo sedentarius*.

88

FRUTAS

Paz: É o prêmio de quem cumpre honestamente o dever.

Luiz Gonzaga Pinheiro

O maior combustível para o cérebro é o açúcar. Converte-se em energia, dá tonicidade aos músculos.

A frutose, que é o açúcar das frutas, tem uma rápida passagem pelo aparelho digestivo, assimilada no intestino delgado, facilitando a digestão.

Melhor comê-las em jejum, não misturando com pães, massas, queijos e manteiga, de mais difícil digestão, retardando sua absorção, retida no estômago, produzindo fermentação e sensação de empachamento.

O Dr. William Castillo, da Clínica Cardiológica Framington, de Massachusetts, EUA, diz que as frutas são o melhor alimento para o coração.

Ricas em flavanoides, elas afinam o sangue, reduzindo inflamações arteriais, pressão alta.

Nunca se deve beber líquido gelado durante as refeições. O chá quente é preferido por japoneses e chineses, reconhecidamente os povos mais longevos do planeta, que costumam tomá-lo logo após as grandes refeições, porque essa bebida quebra as moléculas de gorduras, os lipídios.

Bater as frutas em um triturador ou moedor facilita a absorção, acelerando a digestão, antes de dar-se ingresso aos carboidratos, pães e massas, que devem ser ingeridos 15 minutos depois. Reduzem a obesidade, diminuem os riscos cardiovasculares, dão mais energia e são muito mais saudáveis.

A famosa dieta colorida chinesa implica cores diversas nas refeições, não só de frutas, como legumes, tubérculos, verduras.

Vamos referir apenas a alguns. Em nossa obra *O evangelho é um santo remédio*, enumeramos frutas, raízes e tubérculos, por ordem alfabética, e suas propriedades terapêuticas.

Tomate - previne câncer da próstata e Alzheimer.

Nozes - blindam o sistema imunológico e retardam o envelhecimento.

Espinafre - melhora o ânimo e reduz incidências de AVCs.

Maçã - reduz o colesterol ruim (LDL)

Aveia - previne apendicite aguda e diverticulites.

Azeite de oliva - diminui o risco de câncer de mama e AVCs.

Alho - evita câncer de pele, do estômago e do cólon (intestino grosso).

Frutas roxas e vermelhas - ótimas para o coração, como jabuticabas e uvas. Previnem cataratas e glaucomas, como morangos, framboesas, amoras.

Abacate - protege boca e garganta de eventual câncer.

Coco seco - inclusive leite de coco, ajuda a queimar calorias, reduz colesterol, regula a tireoide, hidrata o organismo.

89

Stents

Raiva: É quando colocamos uma muralha no caminho da paz.

Luiz Gonzaga Pinheiro

Esse pequeno aparelho, em forma cilíndrica, de espessura inferior ao calibre das artérias, ejetado na ponta de um cateter, até um local perigosamente entupido das vias circulatórias, resolve um risco vascular cerebral parcialmente, posto não haver um só ponto isoladamente visitado pelo colesterol alto, mas um comprometimento de toda a rede de irrigação sanguínea.

Alguns *stents* contêm medicamentos que vão sendo diluídos na corrente sanguínea, lenta e progressivamente, proporcionando combate ao colesterol mau.

Agora a Ciência desenvolveu um novo tipo de *stent* biodegradável, já disponível na Europa, Ásia e América do Sul (InCor, de São Paulo, dentre outros). Feito com material tipo ácido polilático, pode ser reabsorvido pelo corpo humano. Ou seja, resolvido o problema, na fase crítica, ele é dissolvido e reabsorvido.

Pessoas inteligentes vão, a partir daí, superada a fase aguda do problema vascular, começar uma nova vida, tanto na alimentação *light*, mais saudável, quanto nas atividades físicas, e, certamente, na medida do possível, redução do estresse. Fazer um autoexame, do seu perfil, baseado no *conhece-te a ti mesmo*, para estabelecer um antídoto permanente para esse mal do século, que significa a obesidade e aumento da massa corporal.

O sedentarismo é também um vilão da impotência sexual, segundo o Centro de Referência da Saúde do Homem, da Secretaria da Saúde do Estado de São Paulo. Levam ao colesterol alto, diabetes 2 e hipertensão, diz o Dr. Cláudio Murta, seu diretor. Alguns minutos de prática desportiva, segundo a Universidade Penn State, EUA, podem ser importantíssimos para a vida. Aumenta a autoestima, o humor e a saúde mental, segundo o Dr. David Coprov, professor de Cinesiologia.

Mulheres tendem a superestimar as caminhadas que fazem. Mas estudos indicam que elas andam menos do que imaginam, confundindo-se com o cansaço que sentem, diz a fisiologista Cláudia Zamberlan.

90

INVEJA

> Sinceridade: é quando nos expressamos como se o outro estivesse do outro lado do espelho.
> **Luiz Gonzaga Pinheiro**

Alex Alves, famoso jogador de futebol, no auge da fama, foi vítima de um câncer na medula. De nada adiantou a doação do seu irmão, pois não se recuperou, abandonando, definitivamente, o futebol.

Sir Winston Churchill, que foi primeiro-ministro da Grã-Bretanha, ao fazer o seu primeiro discurso no parlamento britânico, brilhante e aplaudido, indagou de um amigo como se saíra, e este lhe respondeu:

- *Péssimo.*

Ante o desconcerto do interlocutor, em face do comentário crítico, este complementou:

- Péssimo, porque você brilhou demais. E isso vai custar-lhe a inveja dos seus pares.

Efetivamente, no início dos seus trabalhos parlamentares, Churchill foi vítima de insidiosa campanha, por simples inveja do jovem e eloquente orador.

Já ouvimos falar do "olhar seca-pimenteira", do chamado "olho grande", aquele que desgasta o outro. Não existe feitiço maior do que esse olhar invejoso, que algumas vezes dissipamos. Quando não podemos chegar aonde o outro chegou, ou adquirirmos o que ele já alcançou, algumas vezes nós tentamos rebaixá-lo ao nível em que nos encontramos.

O melhor resguardo contra essa energia perniciosa é a adoção da simplicidade, da humildade. Como Jesus nos ensinou: Bem-aventurados os pobres em espírito.

Sermos mansos e pacíficos, simples e bons. Até mesmo aflitos, vítimas, o que será preferível a sermos algoz de alguém. Sermos ofendidos, do que ofender. Se fizermos alguma coisa a alguém, o problema será nosso. Se alguém nos fizer, problema dele.

Em simples palavras, amar ao próximo como a nós mesmos. Fazer o bem, sem olhar a quem. Perdoar sempre. Desculpar a todo tempo. Compreender. Pois tudo que acontece na vida, tem uma causa, uma explicação.

91

FÉ

Simplicidade: É o comportamento de quem começa a ser sábio.

Luiz Gonzaga Pinheiro

Jesus, sempre que curava, dizia simplesmente "a tua fé te curou", retirando as atenções de si para a própria pessoa, afinal a responsável pela mudança interior, pelo merecimento. A autotransformação opera milagres, e é constante em nossas vidas. Assim como a cura do cego de Jericó; da mulher hemorroíssa ou do paralítico, em Jerusalém.

A Ciência hoje comprova que a fé no poder espiritual é capaz de curar enfermidades as mais graves.

O Dr. Niura Padula, neuropediatra e pesquisador da Universidade Estadual Paulista (Unesp), diz que "a religião é um somatório de ritos e dogmas, mas a fé é a conexão com algo mais profundo, não necessitando de estar ligada a religião alguma".

O Dr. Ricardo Monezzi, pesquisador e psicobiólogo do Instituto de Medicina Comportamental da Universidade de São Paulo, afirma que é importante acreditar no próprio potencial, sentimento que transcende o corpo, confiando numa força superior.

Diz que a fé atua em diversas áreas cerebrais, principalmente no sistema límbico, responsável pelas emoções e que regula o sistema imunológico, prevenindo doenças.

Conclui que pessoas espiritualizadas são menos violentas

e mais imunes aos descontroles e suicídios, que pensam mais no próximo, se são mais solidárias, têm um objetivo na vida, são mais altruístas. Nunca se sentem como que desamparadas, pressentindo a existência de alguém, um ente superior, que as dirige e ama.

Pesquisa na Universidade de Toronto, Canadá, liderada pelo professor Michael Inzlicht, constatou que a fé pode diminuir a ansiedade, a depressão e o estresse. Mediante um experimento denominado *stroop*, analisa-se as atividades cerebrais, com aparelhos sofisticados de tomografia computadorizada, chamada ressonância nuclear magnética funcional, identificando que determinadas áreas neuronais "se acendem" quando em oração ou meditação.

De acordo com o Dr. Paulo de Tarso Lima, coordenador do Setor de Medicina Integrativa Complementar do Programa Integrado de Oncologia do Hospital Israelita Albert Einstein (SP), o ser humano precisa cuidar do corpo, da mente e do espírito. Aliás, conceito adotado pela Organização Mundial da Saúde, da ONU.

92

MACONHA (II)

> Saudade: É estar-se longe, sentindo vontade de voar; e, estando perto, querer parar o tempo.
>
> **Luiz Gonzaga Pinheiro**

Algumas pessoas deitam falação por puro modismo. Outras, por saudosismo dos tempos acadêmicos.

Recentemente, o ex-presidente da República, Fernando Henrique Cardoso, pregou publicamente a liberação do uso da maconha em nosso país.

Certamente, como sociólogo e viandante, deve ter observado o deplorável estado em que ficam as pessoas, em Oslo, bela e desenvolvida capital da Noruega, rolando nas praças públicas, inteiramente inebriadas pelos efeitos das drogas, ali liberadas.

Mas, ao contrário do que se possa supor, as drogas vêm encontrando, em todo o mundo, restrições de toda ordem. A Holanda, que vinha permitindo a venda a varejo, nas cafeterias e tabacarias de Amsterdã, transformando a bela cidade em aporte do chamado "turismo das drogas", voltou atrás, impondo limites ao liberalismo.

Em São Paulo, a Prefeitura local, agindo nas "cracolândias", procedeu, com auxílio da Justiça, ao recolhimento compulsório de pessoas adictas (dependentes químicos) que não podiam discernir sobre o que estavam fazendo, nem controlar-se de modo algum, para submetê-las ao indispensável tratamento médico-psicológico-social.

O princípio ativo da *canabis sativa* é o tetrahidrocanabinol, agente depressor, que ajuda a baixar a pressão arterial, inclusive controlar o glaucoma. Já há colírios para isso.

Mas o uso da droga, muito mais perigosa que o cigarro, pois causa dependência química, é que abre o caminho para outras mais fortes e deletérias, como *crack* e cocaína, dentre outras similares.

Pessoas buscam as drogas enganadamente, na tentativa de fuga aos problemas que diuturnamente assolam o ser humano, sem aquilatar o perigo em que se envolvem e os deletérios efeitos por toda a vida.

A melhor terapia é a prevenção, adotando-se posturas que ajudem a resistir aos embates naturais da existência, apoiando-se na família, na religião, na moral, no trabalho edificante, na solidariedade humana. Encontrando outras razões para existir. Cultivando valores imperecíveis da boa ética e do comprometimento consigo mesmo, ampliando os focos de autoestima, de elevação espiritual.

As vicissitudes são inerentes à natureza humana, que esteve envolvida no passado cármico, remoto. Mas, amparada pela força de vontade, no amparo dos amigos espirituais, na fé inabalável no Altíssimo que misericordiosamente nos ajuda de modo continuado e incondicional, essas dificuldades serão mais bem administradas.

As drogas significam o fim do caminho. A morte mais cedo. A destruição material e espiritual.

E a conduta das autoridades há que ser compreensiva, tolerante, com as pessoas, não com as drogas.

93

VITILIGO

Sexo: É quando a gente ama tanto que tem vontade de morar dentro do outro.
Luiz Gonzaga Pinheiro

Manchas esbranquiçadas que não coçam, não ardem e não são contagiosas, o vitiligo compromete a qualidade de vida de uma em cada 100 pessoas.

Mas o vitiligo tem muito a ver com o emocional, com o estado psíquico, a paz e a harmonia. Dessa forma, aplicar a terapia da alma, os cuidados preventivos nos fatos da vida, como enfrentá-los, já que as vicissitudes virão sempre, em função dos nossos débitos e da própria evolução humana.

Requer uma nova tomada de atitude, o mais breve possível, para que não sejamos acometidos e, se efetivado, conter ou mesmo erradicar, com uma postura renovada.

Vitiligo está ligado ao estresse, afirma o Dr. Paulo Luzio, da Santa Casa de Misericórdia do Rio de Janeiro.

Algumas pessoas são mais sensíveis; têm mais disposição genética que outras.

Muitas teorias tentam explicar a origem dessa doença autoimune, como o diabetes, a artrite reumatoide, a esclerose múltipla, o lúpus. Ocorre quando o organismo passa a não reconhecer as próprias células e produz anticorpos. Atingem, principalmente, mãos e pés, joelhos e cotovelos, rosto e órgãos genitais.

Quanto mais cedo o diagnóstico, mais fácil o sucesso no controle.

Além do dermatologista, especialista no assunto, é preciso buscar também terapias da mente. Psicólogos, terapeutas pessoais. A religiosidade, aliada à fé e orações, ajuda bastante, sem dúvida.

94

O ERMITÃO E OS ANIMAIS NO DESERTO

Solidão: É quando estamos cercados por pessoas,
mas o coração não vê ninguém por perto.
Luiz Gonzaga Pinheiro

Um homem que vivia no deserto, a meditar, queixava-se de que sua carga de trabalho era muito pesada, um fardo difícil de carregar.

Um amigo, que passava, redarguiu:

- Por que considera tão pesada, assim, a sua carga de trabalho?

Ele então respondeu:

- Veja bem: tenho de vigiar dois falcões, tomar conta de duas águias, zelar por dois coelhos, resguardar uma serpente, proteger um asno e ainda domar um leão.

O interlocutor, não entendendo nada da conversa, voltou a inquirir o habitante do deserto:

- Como é que você pode ter tantas atribuições, sem recursos, num deserto como esse, caro amigo?

O solitário homem então passou a explicar o que sucedia.

- Os *dois falcões*, caríssimo companheiro, são os meus dois olhos, sempre argutos, perscrutando os horizontes, procurando sempre. Preciso vigiá-los, para que não observem o que não devem.

As *duas águias* são as minhas mãos. Como garras, buscam

pegar o que necessitam, cravando as unhas no que aparece. Preciso cuidar para que não peguem o alheio.

Os *dois coelhos* são os meus pés, sempre no encalço de coisas novas, andarilhos, subindo e descendo, numa canseira interminável, nem sempre me levando a lugares saudáveis. Tenho que zelar, para não visitar sítios desagradáveis, de que possa arrepender-me depois.

A *serpente*, de que tomo conta, embora controlada por 32 barras (os dentes), é a minha língua, algumas vezes ferina, maledicente, maldosa, inconsequente, mortífera, que necessito conter.

O *asno* é o meu corpo, pesado, viajado, padecente de cuidados mil, que tenho de proteger contra as intempéries, os abusos, o desgaste físico natural, pois é o instrumento do meu progresso, da minha elevação espiritual, não podendo dele dispensar ou descartar.

Finalmente o *leão*, que é o meu coração, que deve estar forte, alimentado, mas seguro e tranquilo, pois qualquer desavença fá-lo disparar, em disritmia, acelerando ou parando de trabalhar.

Portanto, caro amigo, a minha tarefa é muito grande, e preciso encontrar forças para dar conta de tanto encargo, sem desfalecimento, sem desânimo, sem queixumes. Pois eles se constituem na verdadeira essência do meu bom viver, do meu progresso moral e espiritual, a que não posso dispensar, pois compromisso por mim mesmo assumido.

95

Ginástica em casa

Ternura: É quando alguém nos olha,
e os olhos brilham como duas estrelas.
Luiz Gonzaga Pinheiro

O médico norte-americano Kenneth Cooper criou a expressão aeróbica, para indicar o desenvolvimento da capacidade respiratória, seguida em 1970, no Brasil, pelo preparador físico da Seleção tricampeã, Cláudio Coutinho, como *Método Cooper*.

A atriz Jane Fonda, pioneira da ginástica em casa, e o artista Arnold Schwarzenegger, que chegou a governador da Califórnia, não imaginariam a explosão atual das técnicas de emagrecimento e musculação, aplicadas em domicílio, mediante imagens de TV, do tipo "faça você mesmo" (*Do it yourself*), como o já famoso P90X, em 12 DVDs.

As restrições alimentares são simples: cortar carboidratos e refrigerantes do cardápio. E a atividade é executada no lar, ou escritório, o momento mais conveniente e possível, dispensando equipamentos, cumprindo metas cada vez mais intensas, com flexões de braços e pernas, corpo e cabeça, até posições de ioga.

Sempre renovando o estilo, a cada dia, para não cansar o músculo, e também não criar saturação muscular.

Conhecido desde 2004, nos Estados Unidos, tomou projeção com a exposição do candidato a vice-presidente, na chapa republicana derrotada por Obama, o jovem Paul Ryan, que exibia um corpo "sarado", esguio, de fazer inveja aos pançudos congressistas.

A Academia é em casa, dado à falta de tempo e de dinheiro e também à lotação das academias, e se vale da popularização dos aparelhos de TV, hoje 425 milhões nos Estados Unidos, para uma população atual de 314 milhões de habitantes.

As contraindicações são de duas ordens, segundo a Universidade Princeton, tomadas como parâmetro à "síndrome de Estocolmo", com ratos exercitando-se em gaiolas individualmente ou em grupos, para demonstrar a neurogênese (criação de novos neurônios). Estes últimos apresentam maior proveito do que os que se exercitavam isoladamente. Mas as imagens de TV, e considerando-se a capacidade humana mais apurada que a dos ratos, supera essa dificuldade.

Claro que uma avaliação física é necessária, o respeito aos limites de batimentos cardíacos (nunca ultrapassando o da redução da idade do fator 220). Observações quanto ao calçado, dados os pulinhos e eventuais lesões nas articulações e tendões, são importantes. E comemorar a redução de 6 a 9% da taxa de gordura corporal, igual à dos atletas olímpicos.

96

Sol de mais, sol de menos

Vaidade: É quando a gente abdica da nossa essência por outra; geralmente, pior.
Luiz Gonzaga Pinheiro

Que o banho de sol faz bem para os ossos, já o sabíamos. Os reclusos têm direito a 15 minutos diários de sol, por motivo de saúde.

Mas agora vem a novidade: O endocrinologista norte-americano Dr. Michael Holick, professor da Universidade de Boston, revela, em seu livro *Vitamina D – Como um tratamento tão simples pode reverter doenças tão importantes,* os benefícios, antes não enfatizados, para o coração, regulando o adequado batimento cardíaco, para as artérias e veias, regulando o compasso, para melhoria da força muscular, e uma proteção extra em face das infecções, favorecendo as imunidades, com efeitos anti-inflamatórios, antimicrobianos e antivirais.

O banho de sol tem ação preventiva em face de doenças autoimunes, como diabetes, esclerose múltipla e artrite reumatoide.

Ao lado dos cuidados recomendados pelos dermatologistas, quanto à exposição prolongada aos raios solares, mormente sem proteção cremosa ante os raios ultravioletas e suas consequências em melanomas (câncer de pele), os benefícios da vitamina D, sintetizada pelos raios solares, são proclamados com acalorado entusiasmo.

Pesquisa verificou que populações residentes nas imediações da linha do equador, onde a incidência é mais direta e forte, são 50% menos infensas a enfermidades tipo câncer da mama, da próstata, intestino e ovário.

A vitamina D é essencial para a absorção do cálcio pelos ossos, proveniente dos alimentos, 30% a mais do que os que não se submetem aos raios solares. A sua falta também está associada à obesidade, pois interfere junto à leptina, hormônio da saciedade.

A despeito do país ensolarado que é o Brasil, a escassez de vitamina D no organismo é comprovada, afirma a Dra. Marise Lazaretti, da Escola Paulista de Medicina.

As crianças, dado à pele fina, são mais sensíveis aos raios solares. Os idosos também. Os negros necessitam maior exposição ao sol, para obter os benefícios da vitamina D no organismo.

Apenas os raios ultravioletas (UVB), disseminados entre 10 da manhã e quatro da tarde, relacionados com a síntese da vitamina D, são os mais perigosos com risco de câncer de pele. Ao incidir, transformam um derivado do colesterol, o 7-DHC, colecalciferol (a vitamina D-3), que chega ao fígado pela corrente sanguínea, onde é convertida em 25-hidroxivitamina D (ou 25OHD), a qual chega aos rins, onde finalmente se transforma em vitamina D, responsável pela absorção do cálcio no organismo.

Assim, conciliando os dermatologistas, observando o horário matinal, das 8 às 10h, e vespertino, após as 16h, com as indicações dos endocrinologistas, o desempenho da luz solar no organismo torna-se um fator de vida mais abundante e saudável.

97

Esquizofrenia e controle

> A fé e a arte são criações humanas para que
> possamos superar a dureza da realidade.
> **Miguel Falabella**

A esquizofrenia apresenta um conjunto de sintomas bastante diversificado e complexo, sendo, por vezes, de difícil compreensão. Pode surgir e desaparecer em ciclos de recidivas e remissões.

Hoje, é encarada, não como uma doença única, mas, como um grupo de patologias, atingindo todas as classes sociais e grupos humanos. Geralmente, o diagnóstico tem mostrado níveis de confiabilidade, relativamente baixos ou inconsistentes.

Explicando, aqui, a esquizofrenia não é a dupla pessoalidade, pois é muito mais ampla que isso e não há motivos de incluir, nela, os Transtornos de Personalidade Múltipla.

Em 2004, no Japão, o termo japonês para esquizofrenia foi alterado de Seishin-Bunretsu-Byo (doença da mente dividida) para Togo-shitcho-sho (desordem de integração).

Em 2006, ativistas no Reino Unido, sob o jargão de Campanha para a Abolição do Rótulo de Esquizofrenia, defenderam semelhante rejeição do diagnóstico de esquizofrenia e uma abordagem diferente para a compreensão e tratamento dos sintomas associados a ela.

Coube ao suíço Eugen Bleuer, em 1911, a criação do termo esquizofrenia, significando uma dissidência entre pensamento, emoção e comportamento *(esquizo* significa cisão; e *frenia* quer dizer mente). É uma doença crônica que atinge, aproximadamente, 60 milhões de pessoas do planeta (1% da população mundial), sendo distribuída de forma igual pelos dois sexos.

A diagnose da doença tem sido criticada como desprovida de validade científica ou confiabilidade, e, em geral, a validade dos diagnósticos psiquiátricos tem sido objeto de críticas mais amplas. Uma alternativa sugere que os problemas com o diagnóstico seriam mais bem atendidos se de dimensões individuais fossem, ao longo das quais todos variam, de tal forma que haveria um espectro contínuo, em vez de um corte distinto entre normal e doente.

Geralmente, o esquizofrênico não é violento ou perigoso. Fora da crise, é uma pessoa como qualquer outra. Porém, alguns poucos, quando em crise, tornam-se agressivos, verbal ou fisicamente, pois os delírios ou as alucinações podem fazer com que se sintam ameaçados.

Não há sintomas determinantes que possibilitem um diagnóstico preciso, de imediato. Tanto pode começar, repentinamente, e eclodir numa crise exuberante, como começar, lentamente, sem apresentar mudanças extraordinárias, e somente depois de anos surgir uma crise característica.

Os sintomas podem ser confundidos com crises existenciais, "revoltas contra o sistema", "alienação egoísta" ou como comportamentos típicos do usuário de drogas, etc. O delírio de identidade (achar que é outra pessoa) é a marca típica de um doente. É, com frequência, relacionada com o mendigo que deambula pelas ruas, que fala sozinho, com a mulher que aparece na TV, dizendo ter muitos *álteres*, e com o louco que aparece nas telenovelas e nos filmes.

Foi, durante muitos anos, sinônimo de exclusão social, e o

diagnóstico de esquizofrenia significava internação em hospitais psiquiátricos (manicômios) ou asilos, como destino certo, onde os pacientes ficavam durante vários anos.

Manifesta-se, habitualmente, na parte final da adolescência ou no início da vida adulta. Afirma-se que os primeiros sinais e sintomas de esquizofrenia são traiçoeiros. Os primeiros sinais de sossego/calma e afastamento, visíveis num adolescente, normalmente, passam despercebidos, como não sendo sinais de alerta, pois, considera-se o fato de que "é, apenas, uma fase" por que passam os jovens.

É importante, porém, que se diga o quanto é difícil interpretar esses comportamentos, associando-os à idade. A sintomatologia esquizofrênica se apresenta demasiada abrangente, sendo uma síndrome com grande componente fisiológico, com a presença marcante das alucinações e dos delírios. O comportamento, frequentemente, fica condicionado às ideias delirantes paranoides e alucinações auditivas e verbais que os doentes, geralmente, apresentam.

Pouco se sabe sobre essa doença e, ante o desafio terapêutico, o máximo que se consegue é obter controle dos sintomas com os antipsicóticos.

Faz, apenas, pouco mais de 10 anos que a Organização Mundial da Saúde editou critérios objetivos e claros para a realização do diagnóstico da esquizofrenia. As causas do processo patogênico são um mosaico: a única coisa evidente é a constituição pluricausal da doença. Isso inclui mudanças na química cerebral (a atividade dopaminérgica é muito elevada nos indivíduos esquizofrênicos), fatores genéticos e mesmo alterações estruturais.

Na atualidade, alguns neurotransmissores vêm sendo colocados na implicação da fisiopatologia dessa doença, tais como serotonina e noradrenalina. Do ponto de vista fisiológico, e apesar das grandes descobertas já realizadas até aqui, no campo dos mecanismos etiopatogênicos, é preciso considerar que o arsenal, ainda, não se esgotou. Isso porque, afora as contribuições psicossociais, há que se levar em consideração o Espírito imortal, agente causal fundamental.

Segundo Jung, "a investigação da esquizofrenia constitui uma das tarefas mais importantes da psiquiatria futura. O problema encerra dois aspectos: um fisiológico e um psicológico... "[1]

É importante frisar que a esquizofrenia tem cura. Até bem pouco tempo, pensava-se que era incurável e que se convertia, obrigatoriamente, em uma doença crônica e para toda a vida. Atualmente, entretanto, sabe-se que uma porcentagem de pessoas que sofre desse transtorno pode recuperar-se por completo e levar uma vida normal, como qualquer outra.

Algumas, com quadros mais graves, apesar de dependerem de medicação, chegam a melhorar até o ponto de poderem desempenhar bem seu ofício, casar e constituir família. O matemático norte-americano, John Nash, que, em sua juventude, sofria de esquizofrenia, conseguiu reverter sua situação clínica e ganhar o Prêmio Nobel de Ciências Econômicas, em 1994.

Percebe-se, atualmente, certo conflito entre a ala conservadora da psiquiatria e o espiritismo, que tomou vulto entre nós, em virtude do crescimento do movimento espírita brasileiro. Na proporção em que o conceito de matéria se pulverizou nas mãos dos físicos, e atingiu o plano da física quântica, verificou-se uma nova revolução copernicana, no que tange

---

1 Jung, Carl Gustav. *Psicogênese das doenças mentais*, RJ: Editora Vozes, 1999

à concepção do homem integral. Hoje, há grande número de psiquiatras espíritas que estabelece o diálogo entre corpo e Espírito.

A propósito, as doenças são do corpo ou da alma? Encontramos, em *O Livro dos Espíritos*, Parte II, capítulo VII, que "a matéria é apenas o invólucro do Espírito. Unindo-se ao corpo, o Espírito conserva os atributos de natureza espiritual; que o exercício das faculdades do Espírito depende dos órgãos que lhes servem de instrumento".[2]

O Espírito traz determinadas predisposições ao renascer. O princípio das faculdades está no Espírito e não nos órgãos. Na visão espírita, esquizofrênicos são Espíritos sujeitos a uma punição. Sofrem por habitarem corpos, cujos órgãos comprometidos os impedem de se manifestar plenamente.

As enfermidades fisiopsíquicas são efeitos e não causas: tanto as distonias mentais quanto as doenças orgânicas expressam os resultados de ações desequilibradas do Espírito, cuja conduta negativa prejudica, primeiramente, o próprio autor, abrindo zonas mórbidas em seu psiquismo, refletindo-se no seu perispírito e registrando-se no corpo físico em reencarnações posteriores.

"A mente transmite ao carro físico, ao qual se ajusta durante a encarnação, todos os seus estados felizes ou infelizes, equilibrando ou conturbando o ciclo de causa e efeito..."[3]

Portanto, é uma patologia que guarda a sua origem profunda no Espírito que delinquiu. Necessário é levar em conta a influência negativa, através da obsessão, o que contribui para o agravamento do quadro e para o surgimento de outras

---

2 Kardec, Allan. *O Livro dos Espíritos*, RJ: Ed. FEB, 1999, parte II, capítulo VII.

3 Xavier, Francisco Cândido e Vieira, Waldo. *Evolução em dois mundos*, ditado pelo Espírito André Luiz, RJ: Ed. FEB 2003.

disfunções características do transtorno. Por isso mesmo, é preciso vê-la como sendo um processo misto de natureza espiritual, fisiológica, obsessiva e com influências psicossociais.

A divisão da mente, a diluição da memória, o afastamento da realidade, tudo parece denunciar uma espécie de nostalgia psíquica, que determina a inadaptação do Espírito à realidade atual. Podem ocorrer casos típicos de auto-obsessão nas modalidades variáveis da esquizofrenia. Os casos se agravam com a participação de entidades obsessoras, geralmente atraídas pelo estado dos pacientes. Este é motivo relevante para a prática da desobsessão.

Psiquiatria e espiritismo podem ajudar-se, mutuamente, ao que parece, em futuro bem próximo. Não há razão para que a psiquiatria condene os processos espíritas no tratamento dos casos de obsessão e auto-obsessão. É muito importante ampliar o entendimento das causas originais da esquizofrenia e considerar imprescindível o tratamento espiritual - desobsessão, passe, água fluidificada, oração - oferecido pela doutrina espírita, com base nos ensinamentos do Cristo, que, um dia, inevitavelmente, constará nas propostas científicas para o tratamento de todas as doenças humanas.

98

Por que na Ikaria se vive dez anos mais?

A ti pedimos trabalho, para progredir; graças, para não falhar; luzes, para não cair; fé, para remover obstáculos; esperança, para não nos deter em vão; caridade, para auxiliar os que, como nós, carregam a sua cruz e não dispensam a misericórdia celeste.

Cairbar Schutel

Pesquisadores da Universidade de Atenas, capital da Grécia, descobriram que moradores da ilha Ikaria vivem, em média, mais 10 anos que os demais habitantes do arquipélago grego.

Cristina Chrysohoou, cardiologista da universidade, constatou que os problemas do coração acontecem bem mais tarde. E investigando os hábitos dos moradores, verificou que em geral não fumam, costumam dar um cochilo após o almoço, têm um ritmo de vida mais lento, gostam de se reunir em família ou com amigos. Também se observou que usam a chamada alimentação mediterrânea, baseada em saladas, de múltiplas cores, consomem mais peixes e fazem um uso baixo de carnes vermelhas.

Na comunidade, seis, de cada dez pessoas com mais de 90 anos são ainda fisicamente ativas, o que em outras regiões limita-se a 20% do pessoal. A maior parte dos alimentos é cozida em azeite, usando-se, também, ervas que são tidas como medicinais, como tempero.

Têm o hábito de consumir chás, com ervas, como sálvia, camomila, hortelã, e para adoçante usam mel natural.

Um fator importante é o estilo de vida, que envolve atividade laboral, mesmo em idade provecta, incluindo longas caminhadas, para idas e vindas ao campo.

George Kassiotis, com 103 anos de idade e sua mulher, Voula, exibem, orgulhosos, a mesa de refeições, farta de cogumelos, peixes, verduras, legumes. "É só um lanchinho", diz ela. "Não tenho medo da morte", diz ele, esclarecendo que "todos nós chegaremos lá".

O jornalista Dan Buettner, da revista *National Geographic*, incluiu a ilha dentre as chamadas "zonas azuis", da mesma forma que Okinawa, no Japão, Luioro e Sardenha, na Itália e Loma Linda, na Califórnia, onde a longevidade é maior do que em outras partes do mundo.

99

Nova medicina

Bom de briga é o que cai fora.
Adoniran Barbosa

A medicina antiga, em que o médico conhecia bem seus pacientes, os visitava em casa, diagnosticava imediatamente, com os recursos à mão, logo prescrevendo a terapia, foi paulatinamente substituída pela medicina de massa, exames tecnológicos prévios, entrevista rápida, e terapia diferida para o retorno com os laudos dos exames solicitados, quase sempre atendidos em clínicas, através de benefícios previdenciários ou planos de seguro-saúde.

A consequência dessa mudança é um aumento da precisão diagnóstica, menor trabalho na investigação da patologia e uma terapêutica mais efetiva. Mas, também, certo alheamento quanto ao estado emocional, psíquico e espiritual do paciente.

Modernamente, assistimos a um retorno aos padrões do maior envolvimento médico–paciente, das consultas mais demoradas, da observação de outros fatores muitas vezes não mencionados, quase sempre motivados pela medicina massiva, indenizações e honrarias insuficientes, pagas pelas organizações que prestam serviços.

A OMS, na década de 80, ampliou o conceito de Saúde, para envolver aspectos físico, mental, espiritual e social, considerando que o homem é um ser bio-psico-moral-espiritual.

Além disso, terapias alternativas ou complementares foram adicionadas, progressivamente, algumas reconhecidas oficialmente, como acupuntura, reiki, cromoterapia, massoterapia, ioga, meditação.

É a chamada medicina integrativa, cujas práticas já estavam nos hospitais oficiosamente, mas agora com maior rigor na aplicação desses procedimentos, afirma o Dr. Plínio Cutait, Coordenador do Núcleo de Cuidados Integrativos do Hospital Sírio-Libanês, em São Paulo.

"A medicina está resgatando seu papel original que é de cuidar", diz o Dr. Paulo de Tarso Lima, cirurgião, especialista em medicina integrativa pela universidade do Arizona, EUA, responsável pelo Programa Saúde Além da Cura, do Hospital Israelita Albert Einstein, em São Paulo, que oferece no setor de oncologia terapias complementares baseadas na acupuntura, meditação, ioga, toque terapêutico.

O Instituto Israelita de Ensino e Pesquisa está oferecendo o primeiro curso de pós-graduação em medicina integrativa, do Brasil. Já o Hospital São Paulo, da Universidade Federal de São Paulo, está oferecendo um tratamento ambulatorial especializado em práticas complementares. Fatos de há muito verificados em hospitais na Inglaterra e Alemanha, onde médiuns ou sensitivos, como são chamados, residentes nas cercanias, com placa inclusive afixada na porta, atendem nessas instituições.

O Ministério da Saúde regulamentou a Política Nacional de Práticas Integrativas e Complementares, autorizadas pela Previdência Social (SUS).

Resta, pois, aos médicos tradicionais, abrir suas mentes, e a alguns pacientes, ainda relutantes, admitir práticas que vão além da imediata prescrição médica, adotando posturas prevencionistas, comportamentos reiterados de bem-estar. "Pois, não basta querer livrar-se o mais rápido possível da doença", finaliza o Dr. Paulo Bloise, coordenador do Núcleo de Integração Mente-Corpo-Espiritualidade, da Universidade Federal de São Paulo.

100

HUMORTERAPIA

Errar é humano. Colocar a culpa nos outros, nem se fala.
Autor desconhecido

Há mais de 700 anos o *Livro do esplendor* (Zohar) narrou que "quando uma pessoa aprende a ser sensata, antes aprendeu a ser tola".

Dizemos "muito riso, pouco siso". Mas, além de movimentar vários músculos da face, prevenindo rugas precoces, o riso libera endorfinas, as enzimas do prazer, da alegria, acalmando e regulando os batimentos cardíacos.

Conta-se que na Babilônia, 1.500 anos passados, havia um rabino chamado Beroka Hoza, que ao visitar um mercado, em Bel Lefet, avistou um Espírito que seria do abençoado anjo Elias, que embora dissimulado, a ele foi dado, identificar, já que visitava a Terra, disfarçado para não ser reconhecido.

Então indagou do anjo se havia alguém ali, naquele mercado, que merecesse subir ao Céu. Elias respondeu-lhe, dando uma olhada em volta, que não havia por ali ninguém com esse merecimento.

De repente entraram dois homens, muito engraçados, sorridentes, chamando a atenção dos dois, no que o anjo, apontando, disse:

– Ali estão dois que merecem esse prêmio.

Beroka não se conteve e foi perguntar quem eram eles e o que faziam.

Responderam-lhe, os dois:

- Somos os Bobos da Corte. E nossa missão é divertir as pessoas, torná-las mais felizes.

O presidente Ernesto Geisel costumava, quando em casa, ler a revista em quadrinhos *Tio Patinhas*. É que dadas as suas altas responsabilidades, procurava minimizar os problemas, divertindo-se um pouco, a seu modo.

O presidente João Batista Figueiredo punha um capacete, para não ser reconhecido e driblar a Segurança. E saía pilotando possante moto.

O Dr. Huntger "Patch" Adams, apelidado Doutor Sorriso, em um hospital para crianças portadoras de câncer, divertia-as, vestido de palhaço, ocasionando efetiva e controlada melhoria na recuperação da doença.

O Dr. Steve Allen Jr., de Nova York, promovia palestras sobre as vantagens do riso.

O Dr. Steven Sultanoff, presidente da Associação Norte-americana para o Humor Aplicado, também exaltava o valor do sorriso.

Pessoas casmurras, taciturnas, caladonas, não são bem festejadas nos grupos sociais. Ao contrário, as risonhas, alegres, comunicativas, estas, aonde chegam, são bem acolhidas.

Perguntaram a dona Canô, mãe dos cantores famosos Caetano Veloso e sua irmã, Maria Bethânia, como explicaria sua longevidade (desencarnou aos 105 anos, em Santo Amaro da Purificação, Bahia).

E ela respondeu:

- Guardar alegrias no coração.

Seu bom humor e sorriso perene nos lábios eram bem conhecidos.

Na Europa times de futebol, como o Real Madri, recusam

jogadores brigões, enfezados, mal-humorados. O mesmo se diga de muitas empresas, ao submeterem os candidatos a empregos, perante o setor de Recursos Humanos, cujos perfis manifestem ou apresentem sinais de aspereza no trato, ausência de interação, comunicabilidade, sorriso.

Recentemente no Japão um jovem criou um dispositivo eletrônico, introduzido em geladeiras, em hospitais e clínicas, com uma espécie de "olho mágico", para que as pessoas, à sua frente, abrissem um largo sorriso, diante da porta, sem o que ela não se abriria. Isso para obrigar os servidores a desenvolver o hábito de sorrir.

Também se introduziu o mesmo sistema, com um *chip*, que faz a leitura eletrônica, em um despertador ruidoso. Enquanto a pessoa não olhar para o visor do despertador e sorrir, ele não para de tocar.

Até os japoneses, antes um povo sorridente, vem ficando sisudo, necessitando-se de artifícios eletrônicos para ensinar a voltar a sorrir.